Corinne Renault-Brahinsky

L'essentiel du Droit de la famille

2011-2012

10e édition

Gualino

lextenso éditions

LES CARRÉS

Cette collection de livres présente de manière **synthétique, rigoureuse** et **pratique** l'ensemble des connaissances que l'étudiant doit posséder sur le sujet traité. Elle couvre :

- **le Droit et la Science Politique ;**
- **les Sciences économiques ;**
- **les Sciences de gestion ;**
- **les concours de la Fonction publique.**

33 rue du Mail 75081 Paris cedex 02

ISBN 978 - 2 - 297 - 01887 - 6

ISSN 1288-8206

Présentation

L'ensemble des connaissances indispensables à la compréhension du droit de la famille est présenté dans cet ouvrage de façon claire et structurée en quatre parties :

- la première sur le ***concubinage et le pacte civil de solidarité*** : il s'agit de déterminer les conditions d'existence, les effets et les modes de dissolution du concubinage et du pacte civil de solidarité ;
- la deuxième partie est consacrée au ***mariage*** : quelles sont les conditions de conclusion du mariage, les sanctions de la violation de ces conditions et les effets tant personnels que pécuniaires du mariage ?
- la troisième partie est consacrée au ***divorce et à la séparation de corps*** : il s'agit d'étudier les conditions, la procédure et les effets de cette atteinte plus ou moins accentuée au lien matrimonial ;
- la quatrième partie est relative à la ***filiation*** : quels sont les principes généraux applicables au droit de la filiation ? Comment établir et prouver la filiation d'un enfant ? Quelles actions relatives à la filiation sont possibles ? Des développements spécifiques sont consacrés à l'adoption et à l'assistance médicale à la procréation.

Cet ouvrage s'adresse aux étudiants en licence et master Droit (système LMD) ainsi qu'aux candidats des concours des professions judiciaires et juridiques.

SOMMAIRE

1
Le concubinage et le PACS

2
Le mariage

3
Le divorce et la séparation de corps

4
La filiation

Liste des abréviations

CESEDA	Code de l'entrée et du séjour des étrangers et du droit d'asile
Ass. plén.	Arrêt de la Cour de cassation siégeant en assemblée plénière
C. civ.	Code civil
Civ.	Arrêt d'une chambre civile de la Cour de cassation
C. org. jud.	Code de l'organisation judiciaire
CPC	Code de procédure civile
C. santé publ.	Code de la santé publique
CSS	Code de la sécurité sociale
JAF	Juge aux affaires familiales
PACS	Pacte civil de solidarité

Définition de la notion de famille

La notion de famille n'est pas définie par le Code civil. Elle recoupe des réalités qui peuvent être très diverses, allant du couple ou d'un seul parent avec son enfant à l'ensemble des individus descendant d'un ancêtre commun. Pour la sociologie, il s'agit d'un groupe d'individus unis par une communauté de vie et également dans de nombreux cas par un lien de sang. Pour le droit, il s'agit d'un ensemble d'individus unis par la parenté ou l'alliance, c'est-à-dire par le mariage ou la filiation.

1 Définitions : l'alliance et la parenté

L'alliance est le lien de famille issu du mariage. Le mariage crée un lien d'alliance entre les époux et leur famille mutuelle. Le lien d'alliance existe en ligne directe (beaux-parents, bru, gendre) et en ligne collatérale (beaux-frères, belles-sœurs).

La parenté est le lien du sang, résultant de la filiation.

■ *Le lien de filiation*

Avant l'ordonnance du 4 juillet 2005, on distinguait différents types de filiations : la filiation était dite légitime lorsque les parents étaient unis par les liens du mariage, naturelle lorsque les parents n'étaient pas mariés. Parmi les enfants naturels, on distinguait les enfants naturels simples, dont les parents étaient tous deux célibataires lors de leur conception, les enfants naturels adultérins, dont l'un des parents ou bien même les deux étaient engagés dans les liens du mariage avec une autre personne lors de leur conception et les enfants naturels incestueux dont les parents ne pouvaient se marier en raison d'un cas d'empêchement légal découlant d'un lien de parenté entre eux. L'ordonnance du 4 juillet 2005 consacre l'égalité des filiations. La filiation demeure dite adoptive lorsque le lien de filiation découle d'un jugement d'adoption. Certaines conséquences particulières restent attachées à la filiation incestueuse.

■ *La parenté directe et collatérale*

a) La parenté en ligne directe

Il s'agit du lien existant entre ascendants et descendants…

– ***descendants*** : enfants, petits-enfants, arrière-petits-enfants, etc.

– ***ascendants*** : parents, grands-parents, arrière-grands-parents, etc.

b) La parenté en ligne collatérale

C'est le lien qui existe entre des personnes qui ont un auteur commun.

Il s'agit principalement des frères et sœurs, des cousins et cousines, des oncles et tantes, des nièces et neveux…

– si la parenté collatérale n'existe que du côté paternel (demi-frères ou sœurs par leur père), les frères et sœurs sont dits ***consanguins*** ;

– si la parenté collatérale n'existe que du côté maternel (demi-frères et sœurs par leur mère), les frères et sœurs sont dits ***utérins***.

2 Les effets de l'alliance et de la parenté : l'obligation alimentaire

L'obligation alimentaire découle de la parenté et de l'alliance. Elle a pour fondement la solidarité familiale. Le juge aux affaires familiales est désormais compétent en matière d'obligation alimentaire (art. L. 213-3, C. org. jud.).

■ *Le domaine de l'obligation alimentaire*

a) Le lien de parenté ou d'alliance auquel la loi attache l'obligation alimentaire

L'obligation alimentaire existe entre époux, et parfois entre parents et entre alliés.

L'obligation alimentaire entre époux découle du devoir de secours et d'assistance prévue par l'article 212 du Code civil.

L'obligation alimentaire entre parents existe entre parents en ligne directe (art. 205 et s., C. civ.). Elle existe à l'infini, mais on ne peut solliciter une pension alimentaire par exemple aux grands-parents qu'après un échec auprès des parents tenus de l'obligation d'entretien.

L'obligation alimentaire n'existe pas entre alliés au-delà du premier degré. Elle prend fin en cas de décès de l'époux qui créait l'alliance lorsqu'il est décédé sans postérité issue de son mariage avec le conjoint survivant et en cas de divorce.

Le domaine de l'obligation alimentaire est donc restreint, ce qui a conduit la jurisprudence à reconnaître l'existence d'une obligation alimentaire entre frère et sœur et même parfois entre concubins.

b) Le besoin du créancier

« *Les aliments ne sont accordés que dans la proportion du besoin de celui qui les réclame, et de la fortune de celui qui les doit* » (art. 208, al. 1er, C. civ.). Le créancier doit apporter la preuve de ce qu'il se trouve dans un état de besoin.

c) Les ressources du débiteur

Le débiteur doit avoir les moyens financiers de subvenir à ses besoins, à ceux de ses proches et à ceux de celui qui invoque l'obligation alimentaire.

■ *Les caractères de l'obligation alimentaire*

L'obligation alimentaire a un caractère personnel. Elle s'éteint au décès du créancier et ne peut être transmise aux héritiers du débiteur. Il existe cependant quelques exceptions à cette intransmissibilité passive (action aux fins de subsides...).

L'obligation alimentaire a un caractère réciproque contrairement à l'obligation d'entretien.

Les parties peuvent ainsi demander la modification ou la suppression de la pension alimentaire lorsqu'apparaissent des éléments nouveaux. Il est possible également de prévoir une clause d'indexation (art. 208, al. 2, C. civ.).

■ *L'exécution de l'obligation alimentaire*

L'obligation alimentaire est exécutée en principe en argent par le versement d'une pension alimentaire. Elle peut également faire l'objet d'une exécution en nature par la fourniture de nourriture, de vêtements, etc. directement par le débiteur au créancier.

La jurisprudence applique à l'obligation alimentaire la règle « Aliments ne s'arréragent pas ».

En cas de non-paiement de la pension alimentaire, la loi a prévu des procédures spécifiques qui s'ajoutent aux voies d'exécution ordinaires afin d'éviter que le créancier ne soit à la charge de la société.

Le non-paiement des pensions alimentaires peut donner lieu pour le débiteur à des sanctions civiles (retrait de l'autorité parentale, révocation de donation...) ou pénales (abandon de famille).

3 Les réformes récentes du droit de la famille

Loi du 11 juillet 1966 Loi du 5 juillet 1996 Loi du 4 juillet 2005	→	Réformes de l'adoption
Loi du 4 juin 1970 Loi du 22 juillet 1987 Loi du 8 janvier 1993 Loi du 4 mars 2002	→	Réformes de l'autorité parentale
Loi du 11 juillet 1975 Loi du 26 mai 2004	→	Réformes du divorce
Loi du 8 janvier 1993	→	Création du juge aux affaires familiales Extensions en 1995 et 2009
20 novembre 1989	→	Adoption de la Convention internationale sur les droits de l'enfant par les Nations unies Ratifiée par la France le 7 août 1990
Loi du 4 janvier 1994 Loi du 6 août 2004	→	Réglementation des procréations médicalement assistées
Loi du 15 juin 1999 Loi du 23 juin 2006	→	Création et réforme du PACS
Loi du 30 juin 2000	→	Réforme de la prestation compensatoire
Loi du 4 mars 2002 Loi du 18 juin 2003	→	Réformes du nom de famille
Ordonnance du 4 juillet 2005 (entrée en vigueur le 1er juillet 2006)	→	Refonte d'ensemble du droit de filiation
Loi du 4 avril 2006 Loi du 23 juin 2006 Loi du 14 novembre 2006	→	Réformes du droit du mariage
Loi du 5 mars 2007	→	Réforme de la protection de l'enfance Réforme de la protection des majeurs

Loi du 17 juin 2008	→	Réforme de la prescription en matière civile
Loi du 16 janvier 2009	→	Loi ratifiant l'ordonnance du 4 juillet 2005
Loi du 12 mai 2009	→	Extension des compétences du JAF
Loi du 9 juillet 2010	→	Lutte contre les violences conjugales
Loi du 28 mars 2011	→	Le notaire peut faire procéder à l'enregistrement du PACS

PARTIE 1

Le concubinage et le PACS

La notion de concubinage

Chapitre 1

Le concubinage constitue « une union de fait, caractérisée par une vie commune présentant un caractère de stabilité et de continuité, entre deux personnes, de sexe différent ou de même sexe, qui vivent en couple » (art. 515-8, C. civ.).

Les éléments constitutifs du concubinage sont difficiles à cerner.

1 L'existence de relations sexuelles

L'article 515-8 du Code civil parle de « vie en couple », ce qui semble supposer l'existence de relations sexuelles.

La ***doctrine traditionnelle*** (Josserand) considérait que les relations charnelles faisaient le concubinage. La ***doctrine actuelle*** est moins catégorique.

En l'absence de relations charnelles, il faudra examiner la volonté des deux personnes pour juger si leur situation peut être qualifiée de concubinage.

Il arrive parfois que les relations sexuelles suffisent à caractériser le concubinage.

Dans d'autres cas, la prise en compte du concubinage est fondée avant tout sur la ***communauté de vie*** (exemple : législation des loyers).

2 L'absence éventuelle de différence de sexe

La jurisprudence des tribunaux français a longtemps refusé de reconnaître une valeur juridique au ***concubinage homosexuel*** (*Civ. 3e, 17 décembre 1997*).

Pour la première fois en 1993, le législateur (loi du 27 janvier 1993) a décidé que toute personne vivant à la charge effective, totale et permanente d'un ***assuré social*** pouvait bénéficier de ses droits. Le texte ne fait aucune référence à un quelconque lien associant l'assuré à la personne qui vit avec lui ; il est donc applicable aux concubins homosexuels.

La loi du 15 novembre 1999 relative au PACS a consacré le ***concubinage homosexuel*** : il peut exister « *entre deux personnes de sexe différent ou de même sexe* ».

De plus en plus de pays reconnaissent également le mariage homosexuel, notamment les Pays-Bas, la Belgique, l'Espagne, la Suède, la Norvège, le Portugal, l'Islande, l'Argentine, le Canada et les États américains du Massachusetts, du Connecticut, du Vermont, de l'Iowa, du Maine et de New York. D'autres permettent à deux personnes du même sexe de faire enregistrer leur union civilement et confèrent à ces couples des droits qui se rapprochent de ceux du couple marié : la France avec le PACS, le Danemark, la Finlande, l'Allemagne ou la Suisse...

3 La communauté de vie

La doctrine est unanime pour faire de la communauté de vie un ***élément constitutif*** du concubinage.

Certaines règles concernant les concubins ne peuvent s'appliquer que s'il y a ***résidence commune*** (législation sur les baux d'habitation, acquisition de la qualité d'ayant droit...). La jurisprudence applique le même principe.

La loi du 15 novembre 1999 prévoit également que le concubinage est « ***une union de fait caractérisée par une vie commune*** ».

Néanmoins, comme il peut y avoir mariage sans vie commune, il y a des concubinages sans cohabitation (exemple : le concubinage est pris en compte pour calculer l'assiette de l'impôt de solidarité sur la fortune même en l'absence de vie commune).

4 La stabilité et la durée des relations

La loi du 15 novembre 1999 subordonne l'existence du concubinage à la ***stabilité*** et à la ***continuité de la vie commune***.

La doctrine et la jurisprudence considèrent également qu'à défaut de vie commune, le concubinage doit se caractériser par une stabilité et une durée des relations.

La jurisprudence n'était cependant pas aussi exigeante jusqu'alors et admettait qu'un concubinage puisse exister sans que les concubins aient eu l'intention que leur relation soit durable.

Avant la loi du 15 novembre 1999, les textes prenant en compte le concubinage pour y attacher des avantages exigeaient que celui-ci ait duré un certain temps.

Les effets du concubinage

Chapitre 2

Le concubinage ne produit en principe aucun effet de droit. La loi et la jurisprudence ont apporté des exceptions à ce principe.

1 La preuve du concubinage

Les concubins qui veulent bénéficier des dispositions qui leur sont reconnues par la loi ou la jurisprudence doivent faire la ***preuve*** de leur situation. Cette preuve se fait souvent par la production d'un certificat de concubinage, délivré par les mairies. Toutes les mairies ne délivrent pas ces certificats, et les conditions de leur délivrance peuvent varier d'une commune à l'autre. Ces certificats n'ont aucune valeur juridique véritable et précisent souvent eux-mêmes qu'ils n'engagent que la responsabilité des intéressés. Les concubins peuvent faire une déclaration sur l'honneur lorsque leur mairie ne délivre pas de certificat de concubinage.

2 Les rapports personnels entre concubins

Les concubins demeurent célibataires. Le concubinage ne donne lieu à l'établissement d'aucun acte d'état civil et n'est pas mentionné en marge de l'acte de naissance des concubins.

Les concubins n'ont donc ***ni droits ni devoirs*** l'un envers l'autre : fidélité, assistance, secours matériel, droits de succession, solidarité ménagère, etc.

Aucun lien de droit ne s'étant créé, il n'y a pas de lien de droit à dissoudre, et donc aucune faute ne peut être reconnue en cas de rupture. Néanmoins, certains tribunaux ont accordé des dommages-intérêts à des concubines abandonnées. La faute du concubin résidait alors soit dans les circonstances de la rupture, soit dans les circonstances de l'établissement du concubinage.

3 Les rapports pécuniaires entre concubins

■ *Les intérêts pécuniaires durant la vie commune*

a) L'absence de régime matrimonial et les conventions de concubinage

Aucune règle n'organise la vie commune des concubins.

Les concubins peuvent organiser les modalités de leur vie commune dans une convention de concubinage. Il s'agit d'un contrat par lequel le couple organise sa vie commune. Le contenu est libre. Les clauses qu'il contient organisent généralement l'inventaire des biens appartenant à chacun des concubins, la participation de chacun aux dépenses courantes, la propriété des biens acquis avant le concubinage, le partage des biens en cas de rupture...

Elle ne peut contenir de dispositions relatives à la propriété des biens acquis en cours de concubinage ou aux obligations personnelles de concubins (devoir de fidélité, d'assistance...).

Il est possible aux concubins d'établir un inventaire des biens en dehors de toute convention de concubinage.

b) La propriété des biens des concubins

Chaque concubin conserve la propriété de ses biens. Les biens dont les concubins ne peuvent prouver l'origine sont considérés comme indivis.

c) Les dettes des concubins

Toute *dépense* faite par un concubin est à *sa charge exclusive*. Cependant, la jurisprudence considère parfois que chacun des concubins est tenu pour le tout aux dettes contractées pour les besoins du ménage (mandat tacite). La jurisprudence a également reconnu une faute à l'encontre des concubins qui avaient créé une apparence ayant pu laisser croire aux créanciers qu'ils étaient mariés.

d) Le concubinage et le séjour en France

Le concubinage est pris en compte pour apprécier les liens personnels de l'étranger en France, susceptibles d'ouvrir droit à un titre de séjour « vie privée et familiale ».

e) L'imposition des concubins

Chaque concubin déclare les revenus qu'il a perçus. Les concubins sont imposés séparément. Si le couple a des enfants, chaque enfant qu'il soit mineur ou majeur ne peut être compté à charge que par l'un des 2 parents.

Sont pris en compte les revenus des deux concubins pour le calcul de l'assiette de l'*impôt de solidarité sur la fortune* (art. 885-E, CGI).

f) Les prestations sociales et familiales des concubins

La personne vivant maritalement avec l'assuré c'est-à-dire son concubin(e) peut demander la qualité d'ayant droit de cet assuré auprès des organismes de Sécurité sociale à condition d'être à sa charge effective, totale et permanente, sous réserve d'en apporter la preuve.

Pour le bénéfice des prestations familiales, seule compte la notion de foyer, que l'intéressé soit marié ou pas. Le concubinage est assimilé au mariage. Ainsi, les prestations sont versées dans les mêmes conditions que pour les couples mariés.

g) Les libéralités entre concubins

Pendant longtemps, la jurisprudence a considéré que les libéralités entre concubins étaient ***nulles pour cause illicite ou immorale*** lorsqu'elles avaient pour but d'amener à la conclusion ou au maintien des relations hors mariage. La libéralité était cependant licite si elle avait pour but d'assurer l'avenir du concubin après la rupture.

La Cour de cassation a opéré un complet revirement de jurisprudence en décidant que « *n'est pas contraire aux bonnes mœurs la cause de la libéralité dont l'auteur entend maintenir la relation adultère qu'il entretient avec le bénéficiaire* ».

■ *Les intérêts pécuniaires à la fin de la vie commune*

Chacun des concubins peut librement mettre fin à la relation sans aucune forme requise. Néanmoins, la rupture peut donner lieu à des dommages-intérêts lorsque le concubin délaissé parvient à faire la preuve d'une rupture fautive et de l'existence d'un préjudice.

a) La liquidation des intérêts patrimoniaux

À la dissolution du concubinage, les concubins doivent régler les conséquences de l'indivision qui a pu exister quant à leurs biens. En cas de désaccord, les concubins peuvent faire appel au juge aux affaires familiales pour la liquidation judiciaire de leurs intérêts patrimoniaux (art. L. 213-3, al. 1er, C. org. jud.).

Ils peuvent dans certains cas invoquer soit l'existence d'une société de fait, soit un enrichissement sans cause.

Société de fait (jurisprudence)	Enrichissement sans cause
Elle résulte de ce que les intérêts pécuniaires de chacun des concubins peuvent se mêler durant la vie commune. Les éléments constitutifs d'une société doivent être présents. La société de fait doit être liquidée lors de la séparation selon les règles du droit de sociétés.	L'enrichissement sans cause permet d'indemniser la concubine de son travail, notamment dans le commerce du concubin lorsque cette activité n'a pas été rémunérée (la concubine ne peut alors invoquer l'existence d'une société de fait dans la mesure où elle était alors la subordonnée de son compagnon).

La jurisprudence a parfois considéré qu'une obligation civile pouvait être mise à la charge d'un concubin ayant pris certains engagements vis-à-vis de son ex-concubine, cette obligation civile résultant d'une obligation naturelle transformée par le jeu de l'engagement unilatéral du concubin.

b) Les droits du concubin survivant

Un concubin n'a aucun droit dans la ***succession*** de l'autre en dehors d'éventuelles dispositions testamentaires. Cependant, le décès du concubin peut ouvrir des droits à son compagnon dans deux cas :
- droit à réparation en cas de décès accidentel du concubin (art. 1382, C. civ.) ;
- droit au bénéfice de certaines législations sociales qui assimilent le concubin survivant au veuf (poursuite du contrat de bail, capital-décès...).

4 Les enfants des concubins

■ *L'établissement de la filiation*

Il n'existe pas de présomption de paternité pour les enfants des concubins. La filiation à l'égard de la mère est établie automatiquement dès lors que le nom de la mère figure dans l'acte de naissance. L'établissement de la filiation à l'égard du père peut se fait généralement par une ***reconnaissance*** en mairie avant, après ou au moment de la naissance.

L'exercice de l'autorité parentale

Depuis la loi du 4 mars 2002, ***l'autorité parentale est exercée conjointement par les parents*** quel que soit leur statut. L'exercice unilatéral subsiste seulement dans deux cas :

– lorsque la reconnaissance intervient plus d'un an après la naissance ;

– en cas d'établissement judiciaire de la filiation de l'enfant.

Dans ces hypothèses, une déclaration conjointe des parents auprès du greffier du tribunal de grande instance ou une décision du juge aux affaires familiales permet un exercice en commun. Les parents exercent conjointement l'autorité parentale sur les enfants nés avant l'entrée en vigueur de la loi s'ils les ont reconnus dans l'année de leur naissance.

Les parents peuvent demander au juge d'homologuer la convention par laquelle ils organisent les modalités de l'autorité parentale (art. 373-2-7, C. civ.).

Le nom

Lorsque l'enfant est reconnu par ses deux parents au plus tard au jour de la déclaration de naissance, les parents peuvent lui donner le nom de chacun d'eux ou bien leurs deux noms accolés.

Lorsque la filiation de l'enfant est établie successivement par ses père et mère, l'enfant prend le nom de celui de ses parents à l'égard duquel sa filiation est établie en premier lieu mais les parents peuvent, par déclaration conjointe devant l'officier d'état civil, choisir pendant sa minorité de lui substituer le nom de famille du parent à l'égard duquel sa filiation a été établie en second lieu, ou de lui accoler leurs deux noms, dans l'ordre choisi par eux, dans la limite d'un nom de famille pour chacun d'eux.

Lorsque l'enfant est reconnu par un seul parent, l'enfant porte le nom du parent qui l'a reconnu.

Le pacte civil de solidarité (PACS)

Chapitre 3

Le pacte civil de solidarité (PACS) est « un contrat conclu par deux personnes physiques majeures, de sexe différent ou de même sexe, pour organiser leur vie commune » (art. 515-1, C. civ.). Il a été créé par la loi du 15 novembre 1999, modifié par la loi du 23 juin 2006.

1 Les conditions de la conclusion d'un pacte civil de solidarité

■ Quant aux personnes

Les candidats au pacte civil de solidarité doivent être ***majeurs*** et de ***même sexe*** ou de ***sexe opposé***. Sont exclus du PACS les mineurs émancipés. Les majeurs protégés peuvent conclure un PACS sous réserve de l'assistance ou de l'autorisation des organes de protection.

Le pacte civil de solidarité est également exclu entre :

- ascendants et descendants en ligne directe, entre deux alliés en ligne directe ou entre deux collatéraux jusqu'au troisième degré ;
- deux personnes dont l'une est déjà mariée ou est déjà liée par un pacte civil de solidarité.

La sanction de ces conditions est la nullité absolue.

Les frères et sœurs ne peuvent conclure ensemble un pacte civil de solidarité.

■ Quant à la procédure

a) L'élaboration de la convention

Les futurs partenaires doivent élaborer une convention permettant d'organiser les modalités de leur vie commune (art. 515-3, C. civ.).

La convention peut être rédigée ***sous seing privé*** ou par un ***notaire***. Les partenaires peuvent également rédiger leur convention sous seing privée puis la déposer chez un notaire.

Le contenu est libre ; il résulte de l'accord des futurs partenaires. La convention peut prévoir les modalités de la participation de chacun des partenaires à la vie commune, le statut des biens, les modalités de dissolution du PACS, etc.

b) La déclaration conjointe

Les partenaires doivent ***déclarer conjointement*** qu'ils concluent un pacte civil de solidarité au greffe du tribunal d'instance dans le ressort duquel ils fixent leur résidence commune (aux agents diplomatiques et consulaires français en cas d'enregistrement à l'étranger par un partenaire français au moins). S'ils ont conclu leur convention par acte sous seing privé, ils doivent se présenter en personne au greffe du tribunal d'instance et produire une pièce d'identité délivrée par une administration publique. S'ils ont chargé un notaire de rédiger leur convention, celui-ci peut lui-même procéder aux formalités d'enregistrement du PACS (art. 515-3, al. 5, C. civ.).

Les futurs partenaires produisent au greffier la convention passée entre eux par acte authentique ou par acte sous seing privé (art. 515-3, C. civ.), une copie intégrale ou un extrait de leur acte de naissance avec filiation de moins de 3 mois et une attestation sur l'honneur indiquant l'adresse à laquelle ils fixent leur résidence commune qui doit être située dans le ressort du tribunal d'instance où est faite la déclaration conjointe de PACS. Des documents complémentaires sont exigés des personnes étrangères, divorcées ou veuves.

Le greffier enregistre la déclaration et fait procéder aux formalités de publicité : mention est faite en marge de l'acte de naissance de chaque partenaire, de la déclaration de pacte civil de solidarité, avec indication de l'identité de l'autre partenaire ou sur un registre tenu au greffe du tribunal d'instance de Paris lorsque les personnes sont de nationalité étrangère et nées à l'étranger (art. 515-3-1, C. civ.).

Le pacte civil de solidarité ne prend effet entre les parties qu'à compter de son enregistrement, qui lui confère date certaine. Il n'est opposable aux tiers qu'à compter du jour où les formalités de publicité sont accomplies. Il en va de même des conventions modificatives (art. 515-3-1, al. 2, C. civ.).

En cas de ***modification du pacte civil de solidarité***, les partenaires, ou le notaire en cas de convention notariée, remettent ou adressent la nouvelle convention au greffe du tribunal qui a reçu l'acte initial afin qu'elle y soit enregistrée. Les formalités de publicité sont identiques à celles accomplies lors de l'enregistrement de la convention initiale.

2 Les effets du pacte civil de solidarité

Le PACS ne donne pas lieu à l'établissement d'unacte d'état civil spécifique mais est mentionné en marge de l'acte de naissance de chacun des partenaires. Chacun des partenaires demeure célibataire.

Les devoirs réciproques

Les partenaires s'obligent à une vie commune (art. 515-4, al. 1er, C. civ.).

Les partenaires liés par un pacte civil de solidarité s'apportent une aide matérielle et une assistance réciproques (art. 515-4, al. 1er, C. civ.). Lorsque la convention ne contient aucune disposition relative à ce point, l'aide matérielle est proportionnelle à leurs facultés respectives (art. 515-4, al. 2, C. civ.).

L'article 515-9 du Code civil permet au juge aux affaires familiales de prendre une ordonnance de protection en cas de violences d'un partenaire contre l'autre avec notamment la possibilité d'évincer le partenaire violent du domicile commun.

L'indivision

Chacun des partenaires conserve l'administration, la jouissance et la libre disposition de ses biens personnels et reste seul tenu des dettes personnelles nées avant ou pendant le pacte, à l'exception des dettes contractées pour les besoins de la vie courante.

Chacun des partenaires peut prouver par tous moyens, tant à l'égard de son partenaire que des tiers, qu'il a la propriété exclusive d'un bien. Les biens sur lesquels aucun des partenaires ne peut justifier d'une propriété exclusive sont réputés leur appartenir indivisément, à chacun pour moitié. Le partenaire qui détient individuellement un bien meuble est réputé, à l'égard des tiers de bonne foi, avoir le pouvoir de faire seul sur ce bien tout acte d'administration, de jouissance ou de disposition (art. 515-5, C. civ.).

Cependant, les partenaires peuvent, dans leur convention, opter pour le régime de l'indivision pour les biens qu'ils acquièrent, ensemble ou séparément, à compter de l'enregistrement de cette convention. Ces biens sont alors réputés indivis par moitié, sans recours de l'un des partenaires contre l'autre au titre d'une contribution inégale.

L'article 515-5-2 du Code civil prévoit désormais la propriété exclusive d'un certain nombre de biens : les deniers perçus par chacun des partenaires, à quelque titre que ce soit, postérieurement à la conclusion du pacte et non employés à l'acquisition d'un bien, les biens créés et leurs accessoires, les biens à caractère personnel, les biens ou portions de biens acquis au moyen de deniers appartenant à un partenaire antérieurement à l'enregistrement de la convention initiale ou modificative aux termes de laquelle ce régime a été choisi, les biens ou portions de biens acquis au moyen de deniers reçus par donation ou succession ainsi que les portions de biens acquises à titre de licitation de tout ou partie d'un bien dont l'un des partenaires était propriétaire au sein d'une indivision successorale.

L'emploi de biens ou portions de biens acquis au moyen de deniers appartenant à un partenaire antérieurement à l'enregistrement de la convention initiale ou modificative aux termes de laquelle ce régime a été choisi ou de biens ou portions de biens acquis au moyen de deniers reçus par donation ou succession fera l'objet d'une mention dans l'acte d'acquisition. À défaut, le bien sera réputé indivis par moitié et ne donnera lieu qu'à une créance entre partenaires.

À défaut de dispositions contraires dans la convention, chaque partenaire est gérant de l'indivision et peut exercer les pouvoirs reconnus par les articles 1873-6 à 1873-8 du Code civil (art. 515-5-3, C. civ.).

Pour l'administration des biens indivis, les partenaires peuvent conclure une convention relative à l'exercice de leurs droits indivis dans les conditions du droit commun de l'indivision conventionnelle (art. 1873-1 et s., C. civ.), à l'exception des dispositions relatives à la durée, qui sera réputée être celle de la durée du pacte civil de solidarité, sauf disposition contraire des partenaires lors de la dissolution du pacte. À peine d'inopposabilité, cette convention doit, à l'occasion de chaque acte d'acquisition d'un bien soumis à publicité foncière, être publiée à la conservation des hypothèques.

■ *Les dettes des partenaires*

Les dettes des partenaires leur restent personnelles sauf si elles entrent dans le champ de la solidarité ménagère. Les partenaires sont tenus solidairement à l'égard des tiers des dettes contractées par l'un d'eux pour les besoins de la vie courante. Sont exclues de cette solidarité les dépenses manifestement excessives, les achats à tempérament et les emprunts, s'ils n'ont été conclus du consentement des deux partenaires, à moins qu'ils ne portent sur des sommes modestes nécessaires aux besoins de la vie courante.

■ *La présomption mobilière*

Le partenaire qui détient individuellement un bien meuble (tout bien qui peut être déplacé) est réputé, à l'égard des tiers de bonne foi, avoir le pouvoir de faire seul sur ce bien tout acte d'administration, de jouissance ou de disposition.

■ *Le PACS et le séjour en France*

Le PACS est pris en compte pour apprécier les liens personnels de l'étranger en France, susceptibles d'ouvrir droit à un titre de séjour « vie privée et familiale ».

■ *L'imposition des partenaires*

Les partenaires liés par un pacte civil de solidarité sont soumis à une imposition commune au titre de l'impôt sur le revenu et pour l'impôt de solidarité sur la fortune.

Pour les donations, les partenaires sont exonérés de droits de mutation jusqu'à 80 724 euros (pour 2011). Au-delà de cette somme, le barème est le même qu'entre époux.

■ *Les prestations sociales et familiales des partenaires*

La personne liée avec un assuré social par un pacte civil de solidarité peut demander la qualité d'ayant droit de cet assuré.

Pour le bénéfice des prestations familiales, seule compte la notion de foyer, quelle que soit la situation du couple.

■ *Le droit du partenaire survivant à la succession de l'autre*

Les personnes liées par un PACS n'ont aucun droit *ab intestat* dans la succession l'une de l'autre sauf si l'une d'elles en a émis le souhait au moyen de donations ou legs, notamment par le biais d'un testament.

En l'absence de descendant, un partenaire peut léguer l'ensemble de ses biens par testament à son partenaire survivant. Depuis le 22 août 2007, les droits de mutation à titre gratuit relatifs aux libéralités entre époux sont les mêmes pour les partenaires liés par un pacte civil de solidarité : les droits de succession sont donc supprimés au profit du partenaire lié au défunt par un pacte civil de solidarité.

3 La dissolution du pacte civil de solidarité

Les causes et modalités de la dissolution

Causes	Modalités	Date à laquelle la dissolution prend effet
Mariage de l'un des partenaires	Le greffier du tribunal d'instance ou le notaire instrumentaire qui a procédé à l'enregistrement du pacte, informé du mariage ou du décès par l'officier de l'état civil compétent, enregistre la dissolution et fait procéder aux formalités de publicité.	Date de l'événement.
Décès de l'un des partenaires		
Volonté conjointe des partenaires du PACS	Les partenaires remettent ou adressent une déclaration conjointe écrite au greffe du tribunal d'instance du lieu d'enregistrement du pacte ou au notaire instrumentaire qui a procédé à l'enregistrement du pacte. Le greffier inscrit cette déclaration sur un registre et en assure la conservation.	– dans les rapports entre les partenaires : date de l'enregistrement au greffe ; – dans les rapports avec les tiers : jour où les formalités de publicité ont été accomplies.
Volonté unilatérale de l'un des partenaires au PACS	Le partenaire signifie à l'autre sa décision et adresse copie de cette signification au greffe du tribunal d'instance qui a reçu l'acte initial ou au notaire instrumentaire qui a procédé à l'enregistrement du pacte.	

Les effets de la dissolution (art. 515-7, C. civ.)

Les partenaires déterminent eux-mêmes les conséquences patrimoniales de leur rupture. Le juge aux affaires familiales peut cependant intervenir en cas de désaccord (art. L. 213-3, C. org. jud.).

Le contrat de location continue ou est transféré au partenaire de celui ou celle qui a abandonné le domicile commun ou est décédé...

Un partenaire peut demander réparation à l'autre du préjudice qu'il subit du fait de la rupture.

En cas de décès de l'un des partenaires, sur l'acte de décès est mentionné les prénoms et nom de l'autre partenaire, si la personne décédée était liée par un pacte civil de solidarité ('art. 79-4°*bis*, C. civ.).

PARTIE 2

Le mariage

Les conditions du mariage

CHAPITRE 4

Le mariage n'est pas défini par le Code civil qui n'en donne que les éléments et les conditions. En droit français, le mariage a un caractère laïc mais laisse ensuite le choix d'une célébration religieuse.

1 Les conditions positives du mariage

■ *Les conditions physiologiques*

- ***Différence de sexe*** (art. 144, C. civ. ; *Civ. 1re, 13 mars 2007*).
- ***Âge minimum*** : la femme et l'homme doivent tous deux être âgés de ***18 ans*** révolus. Au-dessous de cet âge, une dispense du procureur de la République est indispensable (art. 145, C. civ.) ainsi que le consentement des père et mère.
- L'exigence d'un ***certificat prénuptial*** a été abrogée par la loi du 20 décembre 2007.

■ *Les conditions psychologiques*

Le consentement des époux se matérialise par l'échange des « oui ». Il doit être conscient et sérieux.

La volonté doit être exempte de vices.

L'audition des futurs époux par l'officier d'état civil, s'il l'estime nécessaire, permet de vérifier la réalité du consentement (art. 63, C. civ.).

■ *La capacité des époux*

a) Le mariage des mineurs

Le consentement est donné par le ou les ***ascendants*** et par le ***conseil de famille*** si tous sont décédés ou si la filiation n'est pas établie.

Si l'enfant est adopté, le consentement est donné par le ou les adoptants selon si l'enfant a été adopté par un seul ou les deux époux.

b) Le mariage des majeurs protégés

Un majeur vulnérable peut valablement se marier dans un intervalle lucide si aucun régime de protection n'est organisé pour lui ou seulement celui de la sauvegarde de justice.

Le mariage du majeur en tutelle est possible dans un intervalle lucide, avec l'autorisation du juge ou du conseil de famille s'il a été constitué et après audition des futurs conjoints et recueil, le cas échéant, de l'avis des parents et de l'entourage (art. 460, al. 2, C. civ.).

En cas de curatelle, le curateur doit donner son consentement au mariage (art. 460, al. 1er, C. civ.). À défaut, le majeur protégé peut solliciter l'autorisation du juge.

2 La célébration du mariage

■ *Les conditions préalables à la célébration*

a) La production des pièces

Les époux doivent obligatoirement fournir une copie intégrale de leur ***acte de naissance*** datant de moins de 3 mois (art. 63 et 70, C. civ.), à défaut un acte de notoriété délivré par un notaire (art. 71, C. civ.), une pièce d'identité chacun, un justificatif de domicile ainsi que l'identité de 2 à 4 témoins.

Selon les cas, ils doivent ajouter des pièces supplémentaires, telles que le certificat du notaire établissant le contrat de mariage s'il y en a eu un.

b) La publication

Elle a pour but d'informer le public du projet de mariage et de permettre éventuellement de provoquer des réactions qui prennent la forme d'« ***oppositions*** ».

Cette publication consiste dans l'***affichage***, à la demande des époux, du projet de mariage à la porte de la mairie du lieu de célébration du mariage pendant un délai de 10 jours (art. 63 à 65, C. civ.).

c) L'audition des époux

Depuis la loi du 26 novembre 2003, l'article 63 du Code civil prévoit l'obligation d'une audition commune des époux, sauf en cas d'impossibilité ou si cette audition n'est nécessaire ni au regard de l'article 146, ni au regard de l'article 180 (relatifs à la nécessité du consentement pour la validité du mariage). La loi du 14 novembre 2006 sur la validité du mariage a permis l'audition du mineur hors la présence de ses père et mère et de son futur conjoint.

■ *Les conditions concomitantes à la célébration*

a) La publicité

Le mariage doit être célébré à la ***mairie*** du domicile de l'un des époux ou bien du lieu de résidence de l'un d'eux depuis plus d'un mois.

Il doit être célébré en ***public*** – les portes de la mairie doivent être ouvertes – et devant des témoins.

En cas d'empêchement grave et avec l'accord du procureur de la République, le mariage peut être célébré au domicile ou à la ***résidence*** de l'un des époux.

b) La compétence de l'officier d'état civil

Le ***maire*** célèbre en principe les mariages, mais il peut déléguer ses pouvoirs aux adjoints ou aux conseillers municipaux.

La compétence du maire se limite au territoire de sa commune. L'un des époux au moins doit avoir son domicile ou sa résidence depuis plus d'un mois dans cette commune.

c) La présence des époux

La volonté des époux implique leur présence à la célébration du mariage.

Le mariage par ***procuration*** et le ***mariage posthume*** ont cependant été admis quelquefois en temps de guerre par exemple ou pour des motifs graves.

La présence de deux à quatre ***témoins*** est obligatoire.

d) La célébration du mariage

L'officier d'état civil fait lecture des pièces produites par les époux ainsi que des différents articles du Code civil relatifs aux droits et devoirs des époux (art. 75, C. civ.). Il demande si un contrat de mariage a été conclu afin de pouvoir en faire mention en marge de l'acte de mariage. Ensuite, les époux échangent leurs consentements. Enfin, l'officier d'état civil dresse l'acte de mariage puis remet le livret de famille aux époux. Le mariage est mentionné en marge de l'acte de naissance de chacun des époux.

■ *Les preuves du mariage*

Seul l'***acte de mariage*** peut constituer la preuve du mariage (art. 76, C. civ.).

En cas de perte des registres par force majeure, la preuve peut être reçue par titre ou par témoins.

En cas de destruction de l'acte par délit pénal, le jugement de condamnation sera retranscrit sur les registres d'état civil et tiendra lieu d'acte de mariage.

La sanction des règles relatives au mariage

CHAPITRE
5

Les conditions du mariage sont sanctionnées préalablement à sa célébration par les empêchements ou postérieurement par la nullité.

1 Les sanctions préalables au mariage

■ *Les cas d'empêchements*

Ils sont prévus par les articles 147 et suivants du Code civil :
- mariage antérieur non dissous (bigamie) ;
- incapacité ;
- parenté ou alliance à un degré prohibé (inceste).

Le délai de viduité, qui empêchait un nouveau mariage d'une personne divorcée avant un certain délai, a disparu.

■ *L'opposition*

C'est l'acte (exploit d'huissier) par lequel certaines personnes déterminées par la loi (ascendants, certains collatéraux, le Ministère public...) donnent connaissance à l'officier d'état civil de l'inobservation de certaines conditions de formation du mariage (bigamie, incapacité...) et lui font ***défense de célébrer le mariage*** (art. 66 et s., C. civ.).

L'officier d'état civil doit surseoir à la célébration du mariage, mais les époux peuvent demander la mainlevée de l'opposition avant sa péremption.

2 Les nullités du mariage

■ *Les causes de nullité*

	Nullité relative	Nullité absolue
Causes	– vice du consentement – erreur sur la personne ou sur les qualités essentielles de la personne – violence physique ou morale (art 180, al 1er) – défaut d'autorisation familiale	- Impuberté (art. 144 et 184) - Inceste (art. 161, 162, 163, 184) - Bigamie (art. 147 et 184) - Défaut de consentement (art. 146) (notamment fraude à la loi : « mariage blanc ») - Clandestinité du mariage (art. 191) – Incompétence de l'officier d'état civil (art. 191) - Défaut de présence de l'un des époux (art. 146-1 et 191)
Délai de prescription (principe)	5 ans (art. 181)	30 ans (art. 184, 191)
Modalités de confirmation	– approbation tacite ou expresse de ceux dont le consentement était requis (art. 183) – écoulement d'un délai de 5 ans sans réclamation de ceux dont le consentement était requis (art. 183)	– *en cas de vice de forme dans la célébration du mariage* : possession d'état d'époux – écoulement d'un délai de 5 ans sans réclamation de la part de l'époux qui n'avait pas atteint l'âge requis (art. 183)
Qui peut agir ?	Époux concerné Ministère public Époux qui avait besoin d'une autorisation (art. 182) Personnes dont le consentement était requis (art. 182) L'autre époux en cas d'erreur (art. 180)	Époux (art. 184) Tous ceux qui y ont intérêt (art. 184) Ministère public (art. 184) Premier époux en cas de bigamie (art. 188) Époux de bonne foi et Ministère public en cas de fraude à la loi (190-1)

Les articles cités dans le tableau sont ceux du Code civil.

Les effets de l'annulation

a) La dissolution rétroactive

L'annulation met fin au mariage rétroactivement.

Disparaissent le droit au nom, le lien d'alliance, le régime matrimonial, les droits de succession entre époux et les donations entre époux.

Les enfants sont considérés comme nés pendant le mariage, la rétroactivité ne les touche pas.

b) Les limites à la rétroactivité : la théorie du mariage putatif (art. 201 et 202, C. civ.)

Conditions	Effets
L'un des époux au moins doit avoir ignoré la cause de nullité du mariage quels que soient la nature de l'erreur et le type de nullité (relative ou absolue) encourue. La bonne foi se présume et doit avoir existé au moins au moment de la célébration (la découverte de la cause de nullité *a posteriori* importe peu).	Le mariage produit ses effets à l'égard de l'époux qui a contracté de bonne foi, ou à l'égard des deux s'ils étaient tous deux ignorants de la cause de nullité. À l'égard des enfants, le mariage produit ses effets dans tous les cas, même si les deux époux étaient de mauvaise foi : les enfants sont considérés comme nés pendant le mariage, leur sort est réglé de la même manière que lors d'un divorce.

Les effets du mariage : les rapports personnels entre époux

Chapitre 6

Le mariage produit une série d'effets juridiques généraux : émancipation de l'époux mineur, nom d'usage… Le mariage crée également des droits et des devoirs entre les époux. Le mariage facilite l'obtention d'un titre de séjour voire de la nationalité française.

1 Les devoirs réciproques

■ *Le devoir de cohabitation*

Les époux ont une résidence commune (art. 215, C. civ.). Ils peuvent cependant avoir un domicile distinct à condition que cela ne porte pas atteinte aux règles relatives à la communauté de vie.

La communauté de vie ne peut théoriquement cesser qu'en vertu d'une décision judiciaire. Les pactes de séparation amiable sont nuls.

Le « devoir de cohabitation » comporte le « devoir conjugal ». Le refus des relations sexuelles par un époux constitue une faute.

■ *Le devoir de fidélité*

« *Les époux se doivent mutuellement fidélité* » (art. 212, C. civ.).

L'infidélité peut être matérielle (adultère) ou morale (intrigues amoureuses).

■ *Le devoir de respect mutuel*

Il oblige chacun des époux à respecter l'intégrité physique de l'autre ainsi que ses convictions morales (art. 212, C. civ.).

■ *Le devoir de secours et d'assistance*

Le devoir d'assistance est d'ordre moral : les époux ont le devoir de s'entraider, ils se doivent mutuellement affection et dévouement (art. 212, C. civ.).En cas de séparation, ce devoir prend une forme pécuniaire et se confond avec le devoir de secours.

La violation du devoir d'assistance constitue une faute grave de nature à justifier le prononcé du divorce ou de la séparation de corps.

2 La direction de la famille

« *Les époux assurent, ensemble, la direction morale et matérielle de la famille* » (art. 213, C. civ.), c'est-à-dire qu'ils prennent ensemble les décisions que requiert leur vie en commun et avec leurs enfants (autorité parentale). La direction de la famille repose sur un accord.

Chaque époux a cependant le droit de prendre seul chaque décision mettant en cause sa personnalité, à condition que les effets d'une décision ne rejaillissent pas négativement sur l'autre époux.

Le ***mandat*** (art. 218, C. civ.) entre époux peut être jugé nécessaire si une décision urgente doit être prise alors que l'un d'eux est éloigné.

Un pouvoir de représentation réciproque est présumé, pour certains actes, par la loi : autorité parentale, contrats ayant pour objet l'entretien du ménage et l'éducation des enfants...

Les effets du mariage : les rapports pécuniaires entre époux

CHAPITRE
7

Les règles relatives aux rapports pécuniaires entre époux imposent une interdépendance entre les époux mais assurent également une certaine indépendance pour chacun d'eux.

1 L'interdépendance des époux

■ *Le logement de la famille*

« *Les époux ne peuvent l'un sans l'autre disposer des droits par lesquels est assuré le logement de la famille, ni des meubles meublants dont il est garni* » (art. 215, al. 3, C. civ.).

Sont visés par ce texte : le logement, les droits assurant le logement ainsi que les meubles qui le garnissent. Les actes de disposition sont interdits à un époux agissant seul, c'est-à-dire tous les actes qui emportent directement dessaisissement d'un élément patrimonial, sauf deux exceptions : le testament et les actes de disposition forcée (expropriation, saisie, vente faite à l'initiative des créanciers...) Le logement de la famille est ***indisponible mais pas insaisissable***.

À défaut de consentement du conjoint, l'action en nullité est ouverte à celui-ci dans l'année. La nullité prive le cocontractant de toute action.

L'***article 1751*** du Code civil prévoit la ***cotitularité du droit au bail*** servant à l'habitation des deux époux. Il impose l'accord des deux époux pour tout acte de disposition portant sur le bail.

■ *Les charges du mariage*

a) La contribution aux charges du mariage

Chaque époux a le devoir d'apporter sa contribution aux charges du mariage (art. 214, C. civ.).

Cette contribution correspond au ***train de vie*** fixé par les époux et comprend donc les dépenses courantes et nécessaires ainsi que les dépenses élevées et exceptionnelles.

Les époux peuvent déterminer cette contribution par convention, sinon, chacun apporte selon ses possibilités.

Elle peut s'exécuter en argent, mais également en nature par le travail au foyer ou dans l'entreprise de l'autre époux.

Deux sanctions sont possibles :

- pendant le mariage, l'époux réfractaire peut être condamné à verser une pension ;
- à la dissolution du régime matrimonial, l'époux qui n'a pas contribué peut être tenu de rendre compte pour les cinq dernières années.

b) L'obligation aux dettes ménagères

Les époux sont tenus solidairement aux dettes contractées pour les ***besoins de la vie courante*** (art. 220, C. civ.). Chacun des époux a le pouvoir d'agir seul en matière ménagère, chacun d'eux engageant alors tous les biens du ménage.

Les dettes doivent avoir pour but ***l'entretien du ménage et l'éducation des enfants***. L'obligation aux dettes ménagères ne concerne pas les dépenses manifestement excessives eu égard au train de vie du ménage, les achats à tempérament, ni les emprunts sauf s'ils sont modestes (il n'y a solidarité que pour l'emprunt modeste et nécessaire aux besoins de la vie courante).

■ *La crise du ménage*

Outre les retraits et transferts de pouvoir, le Code civil permet au juge aux affaires familiales de prendre une ordonnance de protection en cas de violences d'un époux contre l'autre avec notamment la possibilité d'évincer le conjoint violent du domicile conjugal (art. 515-9 et s., C. civ.).

a) Les retraits de pouvoir

Ils sont ordonnés lorsqu'un époux met en péril la famille par son comportement :

- ***retraits à caractère provisoire*** (art. 220-1, C. civ.) : en cas de manquement grave de l'époux à ses devoirs patrimoniaux et extrapatrimoniaux ;
- ***retraits durables*** : ils ne sont prévus que pour le régime de communauté légale :
  - *art. 1426, C. civ.* : en cas d'inaptitude ou fraude d'un époux dans la gestion de la communauté, l'époux peut se voir retirer ses pouvoirs sur les biens communs,

- *art. 1429, C. civ.* : lorsqu'un époux met en péril les intérêts de la famille en laissant dépérir ses biens, la sanction est le retrait de pouvoir sur les biens propres.

b) Les transferts de pouvoir au conjoint

1) Les transferts avec représentation

Le conjoint représentant ne s'engage pas lui-même :

- ***mécanismes non judiciaires*** : mandat et gestion d'affaires ;
- ***mécanismes judiciaires*** : en cas d'urgence (art. 220-1, C. civ.), d'impossibilité d'agir d'un époux (art. 219, al. 1er et 1429, C. civ.) ou de faute de la part de celui-ci mettant en péril l'intérêt de la famille (art. 1429, C. civ.), le conjoint peut demander un transfert de pouvoir.

2) Les transferts avec substitution

Le conjoint prend la place de l'époux et s'engage donc lui-même sans engager l'époux qu'il remplace (art. 220-1, 217 et 1426, C. civ.). Les actes sont opposables à l'époux remplacé.

2 L'indépendance des époux

■ *L'exercice d'une profession*

Chacun des époux peut choisir librement une ***profession*** dans la limite du respect de l'article 220-1 du Code civil (retrait du pouvoir si cette profession constitue une menace pour l'intérêt de la famille) (art. 223, C. civ.).

Chaque époux peut percevoir librement les revenus de sa profession et en disposer. Les gains et salaires sont des biens propres tant qu'ils ne sont pas sous la forme d'économies. La donation des gains et salaires est donc libre, sauf si les gains et salaires sont sous forme d'économies.

■ *Les biens à caractère individuel*

« *Chacun des époux administre, oblige et aliène ses biens personnels* » (art. 225, C. civ.).

Ce principe comporte des limites, notamment en ce qui concerne le logement. Les limites tiennent également au fait que les biens propres, en régime de communauté, ont une vocation familiale dans la mesure où les revenus de ceux-ci sont des biens communs.

Chacun des époux a le pouvoir de disposer des ***meubles*** qu'il détient individuellement (art. 221 et 222, C. civ.) : il s'agit d'une présomption de pouvoir qui a pour but d'éliminer toute méfiance des tiers dans un domaine où cela aboutirait à une paralysie du ménage.

Chacun des époux a la liberté de se faire ouvrir un ***compte bancaire*** sans le consentement de son conjoint (art. 221, C. civ.), que le dépositaire n'a pas le droit d'exiger.

« *Si l'un des époux se présente seul pour faire un acte d'administration, de jouissance ou de disposition sur un bien meuble qu'il détient individuellement, il est réputé, à l'égard des tiers de bonne foi, avoir le pouvoir de faire seul cet acte* » (art. 222, C. civ.).

PARTIE 3

Le divorce et la séparation de corps

Les conditions du divorce

CHAPITRE
8

Depuis le 1er janvier 2005, les cas de divorce ont changé. L'article 229 du Code civil, tel qu'il a été modifié par la loi du 26 mai 2004, dispose désormais que « Le divorce peut être prononcé en cas, soit de consentement mutuel, soit d'acceptation du principe de la rupture du mariage, soit d'altération définitive du lien conjugal, soit de faute. »

1 Les conditions du divorce par consentement mutuel

Cette forme de divorce peut être utilisée par les époux qui sont en accord à la fois sur le principe du divorce et sur ses conséquences. La loi du 26 mai 2004 a remplacé le divorce sur requête conjointe par le divorce par consentement mutuel et en a simplifié la procédure.

■ *Les conditions de délai*

Avant la loi du 26 mai 2004, l'article 233, alinéa 3 du Code civil prévoyait que la demande en divorce était irrecevable si un délai de 6 mois ne s'était pas écoulé depuis la célébration du mariage. Cette condition a disparu.

■ *Le consentement au divorce*

L'ensemble des documents concernant ce type de divorce contient la double signature des époux, ce qui montre leur consentement sur le principe et sur les conséquences du divorce. Le respect de ces conditions est rigoureusement contrôlé par le juge tout au long de la procédure.

a) Les caractéristiques du consentement

Les articles 230 et 232 du Code civil prévoient que le consentement doit être réel, libre et éclairé. La volonté doit être réelle, c'est-à-dire sérieuse. La volonté doit être libre, c'est-à-dire exempte de vice, notamment de violence.

Pour pouvoir divorcer par consentement mutuel, l'époux doit disposer de sa pleine capacité d'exercice. Il doit être apte à exprimer sa volonté. Un conjoint placé sous un régime de protection ne peut demander à divorcer par consentement mutuel ou par acceptation du principe de la rupture du mariage (art. 249-4, C. civ.).

b) L'objet du consentement

Le consentement doit porter d'une part sur la décision de divorcer, et d'autre part sur les modalités de règlement des conséquences du divorce.

Il doit exister un accord entre les époux sur les règlements prévus par la convention définitive (art. 252, C. civ. ; art. 1091, CPC).

Ces deux objets, sur lesquels porte l'accord, sont indivisibles ; la demande en divorce est irrecevable si elle ne contient pas une convention portant règlement définitif des effets du divorce, et incluant notamment un état liquidatif du régime matrimonial ou la déclaration qu'il n'y a pas lieu à liquidation (art. 1091, al. 1er, CPC).

c) Le contrôle du juge

Le juge ne peut homologuer la convention et prononcer le divorce que s'il a acquis la conviction que la volonté de chacun des époux est réelle et que leur consentement est libre et éclairé (art. 232, al. 1er, C. civ.).

Le consentement est constaté par le juge lors de l'entretien qu'il a avec les époux (art. 1099, al. 1er, CPC). En cas de doute, il peut prendre les mesures d'instruction nécessaires (expertise...) pour s'assurer de ce consentement.

Le contrôle du juge se borne au consentement des époux et ne s'étend pas aux motifs du divorce. Le juge contrôle la convention prévoyant les modalités de règlement des conséquences du divorce : il peut refuser d'homologuer la convention et de prononcer le divorce s'il constate que la convention préserve insuffisamment les intérêts des enfants ou de l'un des époux.

2 Les conditions du divorce par acceptation du principe de la rupture

Un époux placé sous un des régimes de protection ne peut être demandeur à un divorce pour acceptation du principe de la rupture du mariage (art. 249-4, C. civ.).

■ Les faits rendant intolérable le maintien de la vie commune

« *Le divorce peut être demandé par l'un ou l'autre des époux ou par les deux lorsqu'ils acceptent le principe de la rupture du mariage sans considération des faits à l'origine de celle-ci* » (art. 233, al. 1er, C. civ.).

Le juge doit seulement recueillir le consentement portant sur le principe du divorce.

■ La reconnaissance des faits par l'autre époux

Le divorce repose sur l'accord des parties relativement à la rupture. Cet accord doit simplement être constaté par le juge, et le deuxième alinéa de l'article 233 du Code civil prévoit que « *cette acceptation n'est pas susceptible de rétractation, même par la voie de l'appel* ».

Cet accord ne concerne que la décision de divorcer, c'est-à-dire le principe du divorce et non les conséquences et règlements du divorce, comme c'est le cas dans le divorce par consentement mutuel. La loi ne prévoit pas la possibilité d'un accord sur les conséquences du divorce ; elle a cependant essayé de réduire la dimension contentieuse de ce divorce. Le divorce sur demande acceptée produit les mêmes effets qu'un divorce aux torts partagés.

3 Les conditions du divorce pour altération définitive du lien conjugal

Le juge peut prononcer le divorce sur le constat de l'altération définitive du lien conjugal résultant de la cessation de la communauté de vie, tant affective que matérielle des époux, soit durant les deux années précédant la requête initiale en divorce, soit pendant une période de deux ans entre le prononcé de l'ordonnance de non-conciliation et l'introduction de l'instance (art. 237 et s., C. civ.). De plus, le divorce peut également être prononcé pour altération définitive du lien conjugal lorsque l'un des époux introduit une instance en divorce pour faute et ne parvient pas à apporter la preuve de celle-ci. Dans cette hypothèse, on considère que l'impossibilité de maintenir le lien conjugal est pleinement caractérisée.

L'article 237 du Code civil dispose que « *le divorce peut être demandé par l'un des époux lorsque le lien conjugal est définitivement altéré* ».

L'article 238 du Code civil définit dans son premier alinéa la notion d'altération du lien conjugal : « *L'altération définitive du lien conjugal résulte de la cessation de la communauté de vie entre les époux, lorsqu'ils vivent séparés depuis deux ans lors de l'assignation en divorce* ». Le défaut d'expiration de ce délai ne peut être relevé d'office par le juge (art. 1126, CPC). La preuve de l'altération définitive du lien conjugal peut également résulter de ce que l'un des époux a entrepris une procédure de divorce pour faute mais n'a pas pu prouver la faute.

4 Les conditions du divorce pour faute

Il s'agissait de la seule cause de divorce avant 1975. Cette forme de divorce est admise depuis 1884.

■ *La définition de la faute*

Depuis 1975, le Code civil ne donne plus de définition de la faute. Il parle seulement de « faits ». L'article 242 parle de faits imputables au conjoint constitutifs d'une violation grave ou renouvelée des devoirs et obligations du mariage et rendant intolérable le maintien de la vie commune.

a) Le fait imputable

La faute doit émaner d'un époux possédant une volonté capable et libre. Elle doit pouvoir lui être imputable. Le fait accompli sous l'empire d'une altération des facultés mentales ou de la force majeure ne peut être reproché à l'époux. La faute qui serait le fait d'un tiers ne peut être également imputable à l'époux : il doit s'agir d'un fait personnel du demandeur.

b) La violation grave ou renouvelée des devoirs et obligations du mariage

La faute doit consister dans une violation grave ou renouvelée des droits et obligations du mariage. La répétitivité est assimilée à la gravité. Les juges exercent leur pouvoir souverain pour apprécier la faute. Pour apprécier la gravité de celle-ci, ils tiennent compte généralement du milieu social, de l'éducation et du style de vie des époux.

La faute doit résider dans un manquement aux devoirs et obligations du mariage :

- ***le devoir de communauté de vie*** réside dans la cohabitation charnelle et la cohabitation sous le même toit. La faute peut résider dans l'absence de consommation du mariage, le refus du devoir conjugal ou l'excès de pratiques sexuelles. Le fait de faire chambre à part ne peut constituer une faute. En matière de cohabitation sous le même toit, la faute réside dans l'abandon du domicile conjugal, qu'il soit ou non justifié par le comportement, notamment violent, du conjoint. La faute peut également résider dans le fait d'opposer un refus constant dans le choix d'une résidence, dans le choix unilatéral de celle-ci ou dans le fait de refuser la reprise de la vie commune suite à l'échec d'une procédure de divorce. L'abandon du domicile conjugal reste la plus fréquente des violations du devoir de communauté de vie. La jurisprudence reste cependant divisée sur le point de savoir si le fait d'avoir quitté le domicile conjugal d'un commun accord entre les époux constitue une faute ;

- ***le devoir d'entraide*** peut revêtir plusieurs aspects :
  - *entraide matérielle* : il s'agit de la contribution aux charges du mariage. L'absence de prise en charge du foyer et des tâches ménagères est une faute qui a longtemps été reprochée exclusivement aux femmes, mais elle peut l'être désormais également au mari, notamment lorsque celui-ci se trouve sans emploi alors que l'épouse travaille. À l'inverse, le refus de contribuer financièrement aux charges du mariage était le plus souvent reproché au mari, de même que le fait de dilapider l'argent du ménage,
  - *entraide morale* : le cas le plus fréquent est le refus de soins à un époux, voire l'abandon du conjoint malade. Il peut également s'agir d'absences longues et/ou répétées,
  - *entraide à l'égard des enfants* : il s'agit de la violation des articles 203 et 213 du Code civil. Il peut s'agir d'un abandon moral ou matériel des enfants, voire d'un comportement relatif à l'éducation des enfants ;
- ***le devoir de fidélité*** : la faute consiste dans l'adultère (art. 212, C. civ.). La jurisprudence distingue deux éléments constitutifs de l'adultère : un élément matériel consistant dans la violation du devoir de fidélité et un élément intentionnel dans la mesure où l'adultère suppose une culpabilité morale.

L'adultère peut consister dans la consommation de l'union sexuelle avec une autre personne que le conjoint, mais également dans de simples comportements infidèles tels que des relations équivoques avec un tiers.

L'adultère est une faute s'il a été commis entre la date de célébration du mariage et celle de sa dissolution, mais qu'en est-il pendant une période de séparation de fait ou pendant l'instance en divorce ? L'adultère n'étant plus une cause péremptoire de divorce, le juge dispose d'un large pouvoir d'appréciation en la matière. Néanmoins, la Cour de cassation a rappelé à plusieurs reprises la persistance du devoir de fidélité. Cette obligation est, de fait, appréciée avec de plus en plus de souplesse par les juges. Ces derniers tiennent compte de l'attitude des époux l'un vis-à-vis de l'autre et considèrent de plus en plus que la gravité des faits s'amenuise à mesure que la période de séparation de fait s'allonge.

La faute peut être constituée par nombre d'autres faits imputables à l'un des époux. Les tribunaux se fondent souvent pour sanctionner un époux sur la notion d'injure grave. Ils retiennent donc comme faute des faits très divers :

- ***violences physiques*** : coups et blessures, sévices... à condition qu'ils se soient produits au moment de la vie commune. La preuve de ces violences peut être rapportée par tous moyens ;
- ***communication d'une maladie sexuellement transmissible*** : il s'agit d'une faute lorsque le conjoint était conscient d'être malade et de la possibilité qu'il avait de transmettre sa maladie à son conjoint ;
- ***refus de paternité ou de maternité*** : le fait pour l'épouse de procéder à une interruption de grossesse à l'insu du mari constitue une faute. En revanche, la femme peut refuser, sans que cela ne constitue une faute, de se prêter à une fécondation *in vitro* ;
- ***attitudes injurieuses*** : alcoolisme, conduite scandaleuse, habitude du jeu, animosité permanente, mauvais traitements envers le conjoint ou les enfants, et même la mauvaise éducation, le dénigrement de la belle-famille, etc. ;
- ***désintérêt pour la famille*** : excès professionnels, religieux, passion immodérée pour un loisir... ;
- ***absence de loyauté*** : elle consiste notamment à dissimuler un fait important à son conjoint tel que, par exemple, une affection physique grave ou une condamnation pénale dès lors que le fait n'était pas connu du conjoint au moment du mariage.

c) Le maintien intolérable de la vie commune

Les fautes conjugales de l'un des époux doivent avoir pour caractéristique de rendre intolérable le maintien de toute vie commune. Il s'agit du critère décisif. La violation d'une obligation du mariage ne doit pas seulement être grave. Ces violations des devoirs conjugaux doivent avoir un effet psychologique intolérable pour l'un des époux.

Il s'agit ici de ne pas favoriser des actions en divorce fondées sur des fautes passagères qui seront rapidement oubliées, et notamment sur les incompatibilités d'humeur. L'appréciation de l'intolérabilité de la vie commune est laissée à l'appréciation souveraine des juges du fond.

■ *Les causes péremptoires et les causes facultatives*

Avant la loi de 1975, il existait deux types de fautes : les premières causes de divorce étaient dites péremptoires et permettaient au demandeur de ne pas avoir à prouver la violation grave des obligations conjugales. L'adultère et la condamnation à une peine afflictive ou infamante étaient des causes péremptoires qui obligeaient le magistrat à prononcer le divorce sans pouvoir porter aucune appréciation. Les secondes, dites facultatives, nécessitaient que le demandeur apporte la preuve de la violation grave des obligations du mariage. Il n'y a aujourd'hui que des causes facultatives. Le juge garde donc dans tous les cas son pouvoir souverain d'appréciation.

La procédure de divorce

CHAPITRE 9

La procédure applicable au divorce par consentement mutuel se distingue de celle des autres cas de divorce. Les règles de compétence concernent l'ensemble des divorces.

1 Les règles de compétence

Le juge aux affaires familiales a compétence pour prononcer le divorce quelle qu'en soit la cause et pour en régler les conséquences. Il autorise le demandeur à assigner son conjoint en divorce. Il a de larges pouvoirs d'investigation en sa qualité de juge de la mise en état. Il est également compétent après le divorce pour statuer sur l'exercice de l'autorité parentale, la pension alimentaire ou la contribution à l'entretien et à l'éducation de l'enfant (art. 1084, CPC). Le juge aux affaires familiales exerce également les fonctions de juge des référés. La loi du 12 mai 2009 a confié aux juges aux affaires familiales les suites de la procédure de divorce c'est-à-dire la liquidation et le partage des intérêts patrimoniaux des époux (art L. 213-3, C. org. jud.).

La compétence territoriale est déterminée au jour du dépôt de la requête initiale (art. 1070, CPC) :

Cas	Juge aux affaires familiales compétent
Principe	Lieu de résidence de la famille
Si les époux ont des résidences distinctes	Lieu de résidence de l'un des époux avec les enfants

Si les époux ont des résidences distinctes et s'il n'y a pas d'enfant	Lieu de résidence du défendeur
Si les époux ont des résidences distinctes et si certains enfants vivent avec la mère et d'autres avec le père	
En cas de requête conjointe, si les époux résident séparément	Les époux ont le choix de saisir le juge aux affaires familiales du domicile de l'un d'eux
Après le prononcé du divorce, s'il y a des enfants	Lieu de résidence de l'époux qui a l'exercice de l'autorité parentale Mais en cas d'autorité parentale conjointe, celui où a été fixée la résidence habituelle des enfants
Après le prononcé du divorce, s'il n'y a pas d'enfants	Lieu de résidence du défendeur
En cas de litige relatif à la prestation compensatoire ou à la pension alimentaire	Lieu où demeure le créancier ou le parent qui assume à titre principal la charge des enfants. Il ne s'agit là que d'une possibilité

2 La procédure applicable au divorce par consentement mutuel

■ *Le contenu de la requête*

Il s'agit d'une requête unique (art. 1089, CPC) qui n'indique pas les motifs du divorce. Elle est datée et signée par chacun des époux et par leurs avocats ou leur avocat commun (art. 1090, al. 2, CPC).

La requête est accompagnée en annexe, à peine d'irrecevabilité, d'une convention portant règlement complet des effets du divorce et incluant notamment un état liquidatif du régime matrimonial ou la déclaration qu'il n'y a pas lieu à liquidation (art. 1091, CPC). Lorsque la liquidation porte sur des biens soumis à publicité foncière, l'état liquidatif doit être passé en la forme authentique devant notaire.

■ *La convocation des époux*

Les époux sont convoqués par le greffe du juge aux affaires familiales ainsi que le ou les avocats par simple lettre expédiée 15 jours au moins avant la date fixée pour leur audition (art. 1092,

CPC). Le juge entend les époux séparément, puis ensemble et appelle ensuite le ou les avocats. Ensuite, en présence du ou des avocats, il vérifie la recevabilité de la requête (art. 1099, CPC) et s'assure que la volonté des époux est réelle et que leur consentement est libre et éclairé (art. 232, al. 1er, C. civ.).

Il examine la convention portant règlement définitif des effets du divorce. S'il a acquis la conviction que la volonté de chacun des époux et leur consentement sont libres et éclairés, le juge homologue la convention et prononce le divorce (art. 232, C. civ. et 1099, al. 3, CPC).

Le juge aux affaires familiales peut refuser d'homologuer la convention lorsque les intérêts des enfants ou de l'un des enfants ou ceux de l'un des époux ne sont pas suffisamment préservés. Il rend alors une ordonnance par laquelle il ajourne sa décision jusqu'à présentation d'une nouvelle convention dans un délai maximum de six mois (art. 250-2, al. 2, C. civ. et 1100, al. 2, CPC). Un second ajournement n'est pas possible. Si les époux ne déposent pas de nouvelle convention pendant le délai imparti, le juge constate alors d'office par ordonnance la caducité de la demande en divorce (art. 1101, al. 2, CPC).

■ *Les voies de recours*

L'appel est possible, sauf pour la décision homologuant la convention ou prononçant le divorce, ceci dans un délai de 15 jours à compter de la décision (art. 1102, CPC).

Le pourvoi en cassation est possible dans les 15 jours de la décision homologuant la convention ou prononçant le divorce. Le délai, ainsi que le pourvoi, sont suspensifs à l'exception des dispositions de la convention homologuée qui concernent les pensions (en cas de séparation de corps), la contribution à l'entretien et à l'éducation des enfants et l'exercice de l'autorité parentale (art. 1087, CPC).

La tierce opposition est ouverte aux créanciers de l'un des époux dans l'année suivant l'accomplissement des formalités prévues à l'article 262 du Code civil (art. 1104, CPC).

3 La procédure applicable aux cas de divorce autres que par consentement mutuel

■ *Les éléments de procédure communs à tous les autres cas de divorce*

a) La phase de conciliation

L'action en divorce appartient uniquement aux époux et ne peut être dirigée que contre eux.

1) *La demande*

L'époux qui forme une demande en divorce présente une requête initiale par l'intermédiaire d'un avocat ; elle ne doit pas indiquer les motifs du divorce (art. 251, C. civ. et 1106, CPC). L'époux reste donc libre de choisir dans la seconde phase de la procédure le cas de divorce sur lequel il entend fonder son action.

La requête initiale comprend les demandes relatives aux mesures provisoires accompagnées d'un exposé sommaire de leurs motifs (art. 1106, al. 1er, CPC).

L'ordonnance rendue par le juge ne peut faire l'objet d'aucun recours (art. 1107, al. 3, CPC).

2) *La tentative de conciliation*

- **Le déroulement de la tentative de conciliation**

Le magistrat vérifie sa compétence et, semble-t-il, la recevabilité de la requête bien qu'aucun texte ne le prévoie expressément.

Le magistrat s'entretient d'abord personnellement avec chaque époux, puis avec les deux et invite éventuellement les avocats à la conciliation si les conjoints le demandent. Le juge doit entendre chacun des époux sur le principe de la rupture et doit chercher à concilier les époux tant sur le principe du divorce que sur ses conséquences (art. 252, C. civ.).

Si le défendeur ne se présente pas, le magistrat s'entretient avec l'époux présent et l'invite à la réflexion (art. 252-1, al. 3, C. civ.).

Lorsque le demandeur maintient sa demande, le juge rend une ordonnance autorisant immédiatement les époux à introduire l'instance en divorce ou renvoyant les parties à une nouvelle tentative de conciliation qui pourra avoir lieu dans un délai maximum de 6 mois (art. 252 et 252-2, C. civ.).

Le juge peut recueillir, s'il y a lieu, l'acceptation des époux en vue d'un divorce par acceptation du principe de la rupture du mariage (art. 233, C. civ. et 1123, CPC). L'acceptation recueillie par le juge n'est pas susceptible de rétractation, même par la voie de l'appel (art. 233, al. 2, C. civ.).

L'ordonnance de non-conciliation est susceptible d'appel dans les 15 jours de sa notification seulement sur la compétence et les mesures provisoires (art. 1112, CPC).

- **Les mesures provisoires**

Il est généralement nécessaire d'organiser la vie de la famille durant la durée de l'instance : le juge aux affaires familiales prend pour cela des mesures provisoires dès que cela s'avère nécessaire, c'est-à-dire soit dès le dépôt de la requête initiale en cas d'urgence, soit à l'issue de la tentative de conciliation, soit en cours d'instance, en tenant éventuellement compte des arrangements amiables que peuvent avoir conclus les époux entre eux (art. 1117, CPC).
Les mesures provisoires sont valables 30 mois (art. 1113, CPC).

b) L'instance proprement dite

1) L'assignation

L'assignation doit être délivrée par l'époux requérant dans un délai de 3 mois à compter de l'ordonnance de non-conciliation (art. 1113, al. 1er, CPC). S'il ne le fait pas, les deux conjoints ont ensuite chacun la faculté d'assigner pendant encore 27 mois.

2) Les demandes reconventionnelles

Selon l'article 257-1 du Code civil, suite à l'ordonnance de non-conciliation, « *un époux peut introduire l'instance ou former une demande reconventionnelle pour acceptation du principe de la rupture du mariage, pour altération définitive du lien conjugal ou pour faute* ». Lorsque l'acceptation des époux sur le principe de la rupture sans considération des faits à son origine a été constatée lors de l'audience de conciliation selon les formes requises, le divorce ne peut être prononcé sous un autre fondement que celui de l'article 233 du Code civil.

L'article 1077 du Code de procédure civile prévoit dans son deuxième alinéa l'impossibilité de substituer en cours d'instance une demande fondée sur un cas de divorce par une demande fondée par un autre cas, sauf dans les cas prévus aux articles 247 à 247-2 du Code civil :

- l'article 247 du Code civil prévoit la possibilité pour les époux, à tout moment de la procédure, de demander au juge de constater leur accord afin que soit prononcé leur divorce par consentement mutuel à condition de lui présenter une convention réglant les conséquences de celui-ci ;
- l'article 247-1 du Code civil prévoit la possibilité pour les époux, à tout moment de la procédure, lorsque le divorce a été demandé pour altération définitive du lien conjugal ou pour faute, de demander au juge de constater leur accord pour voir prononcé le divorce pour acceptation du principe de la rupture du mariage ;
- l'article 247-2 du Code civil prévoit que, dans le cadre d'une instance introduite pour altération définitive du lien conjugal, lorsque le défendeur demande reconventionnellement le divorce pour faute, le demandeur peut invoquer les fautes de son conjoint pour modifier le fondement de sa demande.

3) Les fins de non-recevoir

Le défendeur peut également répondre en exerçant une défense au fond. Il peut ainsi invoquer la dissolution antérieure du mariage ou sa nullité.

Le divorce antérieur devenu définitif est également une fin de non-recevoir, même s'il a pour objet de faire reconnaître les torts du conjoint.

Le décès de l'un des époux est une fin de non-recevoir tant que le divorce n'est pas devenu définitif. En effet, l'action en divorce est éteinte par le décès de l'un des époux. Les héritiers ne peuvent pas poursuivre une action qui aurait été engagée par leur auteur.

La demande introductive d'instance est irrecevable si elle ne comporte pas une proposition de règlement des intérêts pécuniaires et patrimoniaux des époux (art. 257-2, C. civ.). Cette fin de non-recevoir ne peut être soulevée d'office par le juge dans la mesure où elle ne constitue pas une exception d'ordre public.

4) Le divorce du majeur protégé

Le majeur protégé ne peut divorcer par consentement mutuel, ni pour acceptation du principe de la rupture du mariage. Pour les autres cas de divorce, plusieurs hypothèses doivent être distinguées :

Type d'incapacité	Qui présente la demande au nom de l'incapable ?	Qui représente l'incapable défendeur dans une demande en divorce ?
Majeur en tutelle	Demande présentée par le tuteur du majeur avec l'autorisation du conseil de famille s'il a été institué ou du juge des tutelles et un avis médical Possibilité pour le magistrat d'autoriser le majeur à agir seul	Action exercée contre le tuteur
Majeur sous curatelle	Le majeur se défend lui-même, assisté de son curateur	Le majeur agit lui-même, assisté de son curateur
Majeur sous sauvegarde de justice	La demande ne peut être présentée qu'après organisation d'une tutelle ou d'une curatelle	Une tutelle ou une curatelle doit être organisée

Le majeur protégé ne peut acquiescer au jugement de divorce, ou se désister de l'appel, qu'avec l'autorisation du juge des tutelles (art. 1122, CPC).

5) La preuve

La preuve incombe à l'époux demandeur, qu'il soit principal ou reconventionnel. On reconnaît traditionnellement un pouvoir d'office au juge en matière de preuve lorsque celle-ci tend à la défense du lien matrimonial, l'ordre public étant intéressé.

La preuve est libre (art. 259, C. civ.) : attestations, constat d'huissier, lettres missives, témoignages, présomptions de l'homme, etc. Il existe cependant des restrictions au principe de la liberté de la preuve :

- un époux ne peut verser aux débats un élément de preuve qu'il aurait obtenu par violence ou fraude (art. 259-1, C. civ.) ;
- la production des constats ne doit pas se faire au mépris du principe du respect de la vie privée et du domicile (art. 259-2, C. civ.) ;
- les descendants ne peuvent jamais être entendus sur les griefs invoqués par les époux (art. 205, al. 2, CPC et 259, C. civ.) ;
- si les époux se réconcilient, les faits allégués ne pourront plus être invoqués comme cause de divorce (art. 244, C. civ.).

Dans toutes les procédures de divorce, le juge peut ordonner une enquête sociale (art. 373-2-12, al. 1er, C. civ. et 1072, CPC) pour l'aider à se déterminer sur les modalités d'exercice de l'autorité parentale.

Le mineur capable de discernement peut être entendu par le juge ou par toute personne désignée à cet effet dans toute procédure le concernant (art. 388-1, C. civ.).

6) Le jugement de divorce

Les demandes sont formées, instruites et jugées en chambre du conseil, à l'exception notamment des décisions relatives au nom, au prénom ou au divorce, qui sont rendues publiquement (art. 1074, CPC). Cependant, « *les débats sur la cause, les conséquences du divorce et les mesures provisoires ne sont pas publics* » (art. 248, C. civ.). Le seul dispositif du jugement prononçant le divorce est lu en audience publique (art. 455, CPC).

S'il rejette la demande en divorce, le juge a la possibilité de statuer sur la contribution aux charges du mariage, la résidence de la famille et les modalités d'exercice de l'autorité parentale (art. 258, C. civ.).
Lorsqu'il s'agit d'un divorce pour faute, les époux peuvent demander expressément au juge aux affaires familiales de ne pas prononcer les torts et griefs (art. 245-1, C. civ.).

Le jugement de divorce est constitutif. Il dissout le lien du mariage et donne aux époux un nouvel état, celui de conjoint divorcé.

La publicité écrite consiste dans la mention du divorce d'une part en marge de l'acte de mariage des époux, d'autre part en marge de l'acte de naissance de chacun d'eux (art. 1082, CPC).

7) Les voies de recours

Excepté pour le divorce par consentement mutuel, tout jugement prononçant ou rejetant le divorce est susceptible d'appel et la décision rendue en appel peut elle-même faire l'objet d'un pourvoi en cassation dans les délais de droit commun.

Les époux peuvent renoncer aux voies de recours par acquiescement au jugement (art. 1120, CPC *a contrario*). Ils peuvent également se désister.

Les effets du jugement de divorce sont suspendus jusqu'à l'épuisement de tous les recours ou, à défaut, jusqu'à l'expiration des délais de recours, mais cet effet suspensif ne s'applique pas aux décisions portant sur l'exercice de l'autorité parentale, la pension alimentaire, la contribution à l'entretien et l'éducation de l'enfant et la contribution aux charges du mariage, ainsi que toutes les mesures prises en application de l'article 255 du Code civil, qui sont exécutoires de droit à titre provisoire (art. 1074-1, CPC). La même règle s'applique au pourvoi en cassation.

■ Les éléments de procédure propres à chaque cas de divorce

Il s'agit des seuls éléments qui font exception à la procédure de « droit commun » décrite ci-dessus.

a) Le divorce par acceptation du principe de la rupture du mariage

Le juge doit recueillir le consentement des deux époux portant sur le principe du divorce (art. 233, C. civ.). Il leur demande de présenter un projet de règlement des effets du divorce pour l'audience de jugement (art. 252-3, al. 2, C. civ.).

L'article 253 du Code civil précise que les époux ne peuvent accepter le principe de la rupture du mariage et le prononcé du divorce par acceptation du principe de la rupture du mariage que s'ils sont chacun assistés par un avocat.

Les modalités d'acceptation du principe de la rupture diffèrent selon le moment où elle a lieu :

- ***acceptation des époux formalisée lors de l'audience de conciliation*** : l'acceptation est constatée immédiatement dans un procès-verbal dressé par le juge et signé par les époux et leurs avocats respectifs et annexé à l'ordonnance (art. 1123, al. 2, CPC) ;
- ***acceptation des époux formalisée entre l'audience de conciliation et l'introduction de l'instance*** : chaque époux peut déclarer, par un écrit signé de sa main, qu'il accepte le principe de la rupture du mariage sans considération des faits à l'origine de celle-ci (art. 1123, al. 3, CPC) ;

– *acceptation des époux formalisée après l'introduction de l'instance* : dans cette hypothèse, la demande est formée en application de la passerelle prévue par l'article 247-1 du Code civil. Chaque époux annexe sa déclaration d'acceptation à ses conclusions (art. 1123, al. 5, CPC).

b) Le divorce pour altération définitive du lien conjugal

Le seul point procédural spécifique à ce type de divorce tient à la cause du divorce qui réside dans la cessation de communauté de vie, tant affective que matérielle pendant deux années. Le juge ne peut relever d'office le moyen tiré du défaut d'expiration de ce délai, sauf dans le cas où le défendeur ne comparaît pas (art. 1126, CPC). Les dépens de l'instance sont en principe à la charge du demandeur, à moins que le juge n'en décide autrement (art. 1127, CPC).

c) Le divorce pour faute

Les époux peuvent demander au juge de ne pas énoncer les torts et griefs des parties et de se contenter de constater qu'il existe des faits constituant une cause de divorce (art. 245-1, C. civ.). Dans cette hypothèse, le juge aux affaires familiales se borne à constater qu'il existe des faits constitutifs d'une cause de divorce (art. 1128, al. 2, CPC).

L'époux défendeur peut répliquer à la demande principale en déposant une demande reconventionnelle où il invoquera à son tour les fautes du demandeur (art. 245, al. 2, C. civ.). Le défendeur, sans nier sa faute, essaiera de prouver celle du demandeur. Si les deux demandes sont accueillies, le divorce est prononcé aux torts partagés. La faute ainsi démontrée ne pourra entraîner un partage des torts que si elle répond elle-même aux conditions qui en font une cause de divorce.

Le défendeur peut également essayer de démontrer la faute du demandeur mais en excusant sa propre faute : il s'agit ici d'une défense au fond et non d'une demande reconventionnelle (art. 245, al. 1er, C. civ.). La faute du conjoint excusera celle du demandeur seulement si celle du demandeur est antérieure.

L'attitude objectivement fautive d'un époux peut être excusée par le comportement de l'autre. Il s'agit d'une défense au fond (avant 1975, le doute existait entre la qualification de fin de non-recevoir et celle de défense au fond). L'époux défendeur peut invoquer une faute du demandeur qui doit répondre aux conditions posées par l'article 242 du Code civil. La faute du demandeur doit être obligatoirement antérieure à celle du défendeur.

Lorsque la demande principale et la demande reconventionnelle sont simultanément accueillies par le juge, celui-ci prononce le divorce aux torts partagés. On parlait avant 1975 de réciprocité des torts.

En l'absence de demande reconventionnelle, le magistrat peut prononcer d'office le divorce aux torts partagés s'il constate des fautes émanant de chacun des époux (art. 245, al. 3, C. civ.).

On ne considère pas dans ce cas que les deux époux sont aussi coupables l'un que l'autre, mais plutôt que leur culpabilité est atténuée.

S'il rejette la demande en divorce, le juge peut organiser la vie de la famille conformément aux dispositions de l'article 258 du Code civil.

Les effets du divorce

CHAPITRE
10

Le divorce produit effet à une date qu'il convient de déterminer et qui diffère selon la personne concernée, époux ou tiers. Les effets du divorce devront ensuite être déterminés tant en ce qui concerne les rapports personnels, les rapports pécuniaires ou les rapports entre enfants et parents divorcés.

La loi du 12 mai 2009 a confié au juge aux affaires familiales les suites de la procédure de divorce c'est-à-dire la liquidation et le partage des intérêts patrimoniaux des époux.

1 La date de départ des effets du divorce

	Principe		Exceptions	
	Entre époux	Vis-à-vis des tiers	Entre époux	Vis-à-vis des tiers
Effets du divorce quant à la personne des époux	La décision qui prononce le divorce dissout le mariage à la date à laquelle elle prend force de chose jugée (art. 260, C. civ.)		Le jugement de divorce est opposable aux tiers au jour où auront été effectuées les formalités de mention en marge des actes de l'état civil des époux (art. 262, C. civ.)	

Effets du divorce quant aux biens des époux	Divorce par consentement mutuel : date de l'homologation de la convention réglant l'ensemble des conséquences du divorce, sauf si celle-ci n'en dispose autrement (art. 262-1, C. civ.) Autres cas de divorce : date de l'ordonnance de non-conciliation (art. 262-1, C. civ.)	Le jugement de divorce est opposable aux tiers au jour où auront été effectuées les formalités de mention en marge des actes de l'état civil des époux (art. 262, C. civ.)	Possibilité pour chacun des époux de demander de fixer les effets du jugement à la date à laquelle ils ont cessé de cohabiter et de collaborer (art. 262-1, al. 2, C. civ.)	Pour le régime légal de communauté, les obligations contractées par l'un des époux à la charge de la communauté ainsi que les aliénations de biens communs faites par l'un d'eux dans la limite de leurs pouvoirs, postérieurement à la requête initiale sont nulles, s'il est prouvé qu'il y a eu fraude aux droits de l'autre conjoint (art. 262-2, C. civ.)

2 Les effets personnels du divorce

■ *La dissolution du mariage*

Le divorce met fin aux droits et obligations réciproques entre époux.

Chacun des époux peut se remarier (art. 263, C. civ.).

Le devoir de cohabitation disparaît et, corrélativement, la présomption de paternité qui en découlait. Les droits et obligations des père et mère subsistent même après le divorce (art. 286, C. civ.).

Le divorce fait également disparaître le lien d'alliance qui existait entre les époux. Il met donc fin à l'obligation alimentaire entre alliés mais pas à certains empêchements à mariage. Ainsi, la prohibition subsiste en ligne directe mais disparaît en ligne collatérale.

■ *Le nom des époux divorcés*

À l'issue du divorce, chacun des époux reprend son nom mais l'un des époux peut néanmoins conserver l'usage du nom de l'autre s'il justifie d'un intérêt particulier pour lui ou pour les enfants, soit avec l'accord de son ex-époux, soit avec l'autorisation du juge (art. 264, C. civ.).

3 Les effets pécuniaires entre époux

La prestation compensatoire et le devoir de secours

a) La prestation compensatoire

Elle a pour objet de compenser les disparités que crée le divorce dans les conditions de vie respectives de chacun des époux (art. 270, C. civ.). Le droit à bénéficier d'une prestation compensatoire ne dépend ni du cas de divorce, ni de la répartition des torts. Néanmoins, le juge peut refuser l'octroi d'une prestation compensatoire si l'équité le commande, soit en considération des critères prévus à l'article 271 du Code civil, quel que soit le cas de divorce, soit au regard des circonstances particulières de la rupture lorsque le divorce a été prononcé aux torts exclusifs du demandeur de la prestation.

Pour déterminer le ***montant*** de la prestation compensatoire, le magistrat doit évaluer les ressources et besoins de chacun des époux et tenir compte d'un certain nombre d'éléments : durée du mariage, âge et état de santé des époux, qualification et situation professionnelles des époux, conséquences des choix professionnels faits par l'un des époux pendant la vie commune pour l'éducation des enfants... L'évaluation tient compte à la fois des données actuelles et de la situation prévisible.

La prestation compensatoire doit prendre en principe la ***forme*** d'un capital. Le juge peut décider que le versement en capital prendra la forme soit d'un versement d'une somme d'argent (le prononcé du divorce pouvant être subordonné à la constitution des garanties prévues à l'article 277), soit de l'attribution de biens en propriété ou d'un droit temporaire ou viager d'usage, d'habitation ou d'usufruit, le jugement opérant cession forcée en faveur du créancier (art. 274, C. civ.). L'accord de l'époux débiteur sera exigé pour l'attribution en propriété de biens qu'il a reçus par succession ou donation.

Lorsque le débiteur n'est pas en mesure de verser le capital, la prestation compensatoire prend la forme de versements périodiques d'une durée de 8 années au plus. Lorsque le débiteur règle la prestation compensatoire sous forme de versements périodiques, il peut néanmoins verser une partie du capital dans les formes prévues par l'article 274 (art. 275-1, C. civ.).

Les époux ont la possibilité, quel que soit le type de divorce, de fixer la prestation compensatoire par convention. La convention sera soumise à homologation pendant l'instance en divorce. Le juge devra vérifier qu'elle préserve suffisamment les intérêts des époux et des enfants.

En cas de paiement d'un capital échelonné, la révision des modalités (et non du montant) de paiement est possible en cas de changement important dans la situation du débiteur (art. 275, al. 2,

C. civ.). Le jugement peut alors prévoir le versement de la prestation compensatoire sur une durée supérieure à 8 ans par décision spéciale et motivée. Le montant initial de la rente ne peut être dépassé par l'effet de la révision (art. 276-3, al. 2, C. civ.).

L'article 276-4 du Code civil donne la possibilité de ***substituer un capital à la rente*** : le débiteur d'une prestation compensatoire peut en faire la demande à tout moment et le créancier s'il établit une modification de la situation du débiteur. Le créancier de la prestation compensatoire peut former la même demande s'il établit qu'une modification de la situation du débiteur permet cette substitution, notamment lors de la liquidation du régime matrimonial.

En cas de décès du débiteur de la prestation compensatoire, le Code civil pose le principe du prélèvement de la prestation sur l'actif successoral (art. 280, C. civ.). Le paiement est supporté par tous les héritiers, qui n'y sont pas tenus personnellement, dans la limite de l'actif successoral et, en cas d'insuffisance, par tous les légataires particuliers, proportionnellement à leur émolument. La prestation cesse d'être due au-delà du montant de l'actif. Lorsque la prestation compensatoire a été fixée sous forme d'un capital échelonné, le solde de ce capital indexé devient immédiatement exigible. Lorsqu'elle a été fixée sous forme de rente viagère ou temporaire, il lui est substitué un capital immédiatement exigible. Cependant, les héritiers peuvent décider ensemble de maintenir les formes et modalités de règlement de la prestation compensatoire qui incombaient à l'époux débiteur, en s'obligeant personnellement au paiement de cette prestation (art. 280-1, C. civ.). L'accord unanime des héritiers doit être constaté par un acte notarié. Il est opposable aux tiers à compter de sa notification à l'époux créancier lorsque celui-ci n'est pas intervenu à l'acte. Les héritiers bénéficient alors des mêmes possibilités de révision que le débiteur initial.

b) La pension alimentaire

L'article 270 du Code civil dispose dans son premier alinéa que « *le divorce met fin au devoir de secours entre époux* ». Il disparaît quelle que soit la cause de divorce.

■ *Les dommages-intérêts*

Les dommages-intérêts peuvent être accordés soit à celui qui était défendeur à un divorce prononcé pour altération définitive du lien conjugal s'il n'avait lui-même formé aucune demande en divorce, soit à celui dont le divorce est prononcé aux torts exclusifs de son conjoint. Ces dommages-intérêts peuvent être accordés à un époux en réparation des conséquences d'une particulière gravité qu'il subit du fait de la dissolution du mariage. Cette demande ne peut être formée qu'à l'occasion de l'action en divorce (art. 266, al. 2, C. civ.). Le droit commun de la responsabilité est applicable : le demandeur doit démontrer l'existence d'une faute, d'un préjudice et d'un lien de causalité. Le préjudice peut être moral ou matériel. Il doit toujours résulter de la dissolution du mariage.

■ *Le sort du logement*

Pendant l'instance, le juge peut attribuer à l'un des époux la jouissance du logement et du mobilier du ménage ou partager entre eux cette jouissance, éventuellement gratuitement (art. 255-4°, C. civ.). ***Lors du prononcé du divorce***, lorsque le logement de famille appartient en propre ou personnellement à l'un des conjoints, le juge peut en concéder le bail à son conjoint quel que soit le type de divorce, à trois conditions : cet époux doit exercer seul ou en commun l'autorité parentale, un ou plusieurs enfant(s) doi(ven)t résider habituellement dans ce logement, et l'intérêt des enfants doit commander cette solution (art. 285-1, C. civ.).

■ *Les avantages matrimoniaux et les libéralités*

Les règles relatives aux avantages matrimoniaux ne dépendent plus du type de divorce ni des torts qui incombent à l'un ou l'autre des époux.

a) Les donations de biens présents

L'article 1096 du Code civil pose désormais le principe de l'irrévocabilité des donations de biens présents entre époux. Quelles que soient la cause du divorce ainsi que la répartition des torts, avantages matrimoniaux et donations de biens présents sont automatiquement et systématiquement maintenus (art. 265, al. 1er, C. civ.).

La révocation n'est possible que pour les causes de droit commun (art. 953 à 958, C. civ.) ; la survenance d'enfant ne permet pas non plus la révocation (art. 1096, al. 3, C. civ.).

b) Les dispositions à cause de mort

Les dispositions à cause de mort, telles que les legs ou donations au dernier vivant, accordées par un époux par contrat de mariage ou pendant le mariage sont révoquées de plein droit par l'effet du divorce, quelle qu'en soit la cause (art. 265, al. 2, C. civ.). Néanmoins, il est possible à un époux de les maintenir à condition que sa volonté soit constatée par le juge lors du prononcé du divorce. La libéralité maintenue devient alors irrévocable.

c) Les avantages matrimoniaux

Il convient de distinguer deux types d'avantages matrimoniaux :

- les avantages matrimoniaux qui prennent effet au cours du mariage, tels que l'apport d'un bien propre par un époux à la communauté, restent irrévocables (art. 265, al. 1er, C. civ.) ;
- les avantages matrimoniaux qui prennent fin à la dissolution du mariage ou au décès d'un époux, telle que la clause de préciput ou la clause de partage égal, sont révoqués de plein droit par l'effet du divorce (art. 265, al. 2, C. civ.).

■ *La liquidation du régime matrimonial*

En cas de divorce par consentement mutuel, les modalités de la liquidation résultent de la convention réglant les effets du divorce. Dans les autres cas de divorce, la liquidation intervient pendant la procédure ou après le prononcé du divorce. Cependant, les époux doivent soumettre au juge au moment de l'assignation en divorce, un projet de liquidation du régime matrimonial.

En l'absence de tout règlement conventionnel, lorsqu'il prononce le divorce, le juge ordonne la liquidation et le partage de leurs intérêts patrimoniaux (art. 267, C. civ.). Il statue s'il y a lieu sur les demandes de maintien dans l'indivision ou d'attribution préférentielle. Le juge peut aussi accorder à l'un des époux ou aux deux une avance sur sa part de communauté ou de biens indivis. Lorsque le projet de liquidation du régime matrimonial établi par le notaire contient des informations suffisantes, le juge, à la demande de l'un ou l'autre des époux, statue sur les désaccords persistant entre eux.

Quel que soit le régime matrimonial, les conventions portant sur le règlement des intérêts patrimoniaux des époux ne doivent être passées par acte notarié que si la liquidation porte sur des biens soumis à publicité foncière.

L'article 268 du Code civil donne la possibilité aux époux, dans le cadre d'un divorce contentieux, de soumettre à l'homologation du juge des conventions réglant tout ou partie des conséquences du divorce, concernant notamment les modalités d'exercice de l'autorité parentale et la fixation de la contribution à l'entretien et à l'éducation des enfants (art. 373-2-7, C. civ.), la prestation compensatoire (art. 279-1, C. civ.), ou encore la liquidation du régime matrimonial (art. 265-2, C. civ.). Cette disposition permet au juge d'homologuer de façon globale les intérêts patrimoniaux et extrapatrimoniaux du divorce des époux.

Les autres effets pécuniaires

Ils sont d'ordre divers :

– le divorce met fin à la vocation successorale entre époux dès lors que la décision a pris force de chose jugée (art. 732, C. civ.) ;

– « *le divorce est sans incidence sur les droits que l'un ou l'autre des époux tient de la loi ou des conventions passées avec des tiers* » (art. 265-1, C. civ.) ;

– l'article L. 353-3 du Code de la sécurité sociale prévoit que le conjoint divorcé non remarié est assimilé à un conjoint survivant à certaines conditions pour l'application des dispositions relatives à la pension de réversion ;

– le conjoint divorcé qui ne bénéficie pas à un autre titre de l'assurance-maladie et maternité continue d'avoir droit, pour lui-même et les membres de sa famille à charge, aux prestations en nature de l'assurance sociale pendant une durée de 12 mois à compter de la mention du jugement de divorce en marge de l'acte de mariage ou de la transcription du jugement de divorce, voire jusqu'à ce que le dernier des enfants ait atteint l'âge de 3 ans si le conjoint divorcé a à sa charge des enfants (art. L. 161-15, CSS) ;

– le conjoint survivant ou séparé de corps dont l'ex-époux décède à la suite d'un accident du travail peut percevoir une rente s'il a obtenu une pension alimentaire (art. L. 434-8, al. 2, CSS).

4 Les effets du divorce sur les rapports parents/enfants

L'autorité parentale

a) L'exercice conjoint automatique

La loi du 8 janvier 1993 a consacré l'exercice conjoint automatique de l'autorité parentale après le divorce des parents. De plus, la loi du 4 mars 2002 a posé le principe de l'exercice en commun de l'autorité parentale quel que soit le statut des parents (art. 372, al. 1er, C. civ.).

b) La résidence habituelle

En l'absence d'accord amiable entre les époux, ou si cet accord lui apparaît contraire à l'intérêt de (s) l'enfant(s), le juge désigne le parent chez lequel les enfants mineurs auront leur résidence habituelle. Le magistrat se prononce également sur le droit de visite et d'hébergement dont bénéficiera le parent chez lequel les enfants n'ont pas leur résidence habituelle. Il peut également fixer la résidence de l'enfant en alternance au domicile de chacun des parents (art. 373-2-9, C. civ.).

De plus, les parents peuvent saisir le juge aux affaires familiales afin de faire homologuer la convention par laquelle ils organisent les modalités de l'autorité parentale et fixent la contribution à l'entretien et à l'éducation de l'enfant (art. 373-2-7, C. civ.). Cette convention, ainsi que la décision que le juge est appelé à prendre sur l'exercice de l'autorité parentale, pourra prévoir une résidence alternée.

La prise en compte de l'intérêt de l'enfant peut également amener le juge à confier l'autorité parentale à un seul parent. Dans ce cas, celui qui n'a pas l'exercice de l'autorité parentale garde un droit de surveillance sur l'entretien et l'éducation des enfants et doit être informé des choix importants relatifs à la vie de ces derniers. Seul un motif grave pourra justifier du refus de lui accorder un droit de visite et d'hébergement.

Le juge a également la possibilité de fixer la résidence habituelle des enfants chez une autre personne que l'un des parents – de préférence de leur parenté ou à défaut à un établissement d'éducation – si l'intérêt des enfants l'exige (373-3, al. 2, C. civ.). Le juge peut prendre les mesures permettant de garantir la continuité et l'effectivité du maintien des liens de l'enfant avec chacun de ses parents (373-2-6, al. 2, C. civ.).

En cas de désaccord entre les parents, le juge doit tenter de concilier les parties, notamment en leur proposant une mesure de médiation (art. 373-2-10, C. civ.).

■ *La contribution des époux à l'entretien des enfants*

Le parent chez lequel les enfants n'ont pas leur résidence habituelle ou qui n'a pas l'exercice de l'autorité parentale doit contribuer à l'entretien et à l'éducation des enfants en fonction de ses ressources et de celles de son ex-conjoint.

Les modalités et les garanties de cette pension alimentaire sont fixées par la convention homologuée ou, à défaut, par le juge.

Si la consistance des biens du débiteur le permet, la pension alimentaire peut être remplacée par le versement d'une somme d'argent entre les mains d'un organisme accrédité, chargé d'accorder en contrepartie à l'enfant une rente indexée, l'abandon de biens en usufruit ou l'affectation de biens productifs de revenus (art. 372-2-3, C. civ.). Si cela se révèle insuffisant, il sera possible de demander un complément sous forme de pension alimentaire.

La pension alimentaire ne concerne pas seulement les enfants mineurs.

La séparation de corps

CHAPITRE 11

La séparation de corps est un état des époux qui ont obtenu, par décision judiciaire, l'autorisation d'être dispensés de l'obligation de vie commune. Les cas de séparation de corps ainsi que la procédure pour y parvenir sont calqués sur les dispositions relatives au divorce.

La séparation de corps doit être distinguée de la séparation de fait : les époux vivent séparément à la suite d'une décision commune ou unilatérale. Ils ne peuvent organiser leur séparation de manière amiable (interdiction des pactes de séparation amiable), mais selon les dispositions de l'article 376-1 du Code civil, le juge aux affaires familiales peut tenir compte des pactes conclus entre les parents concernant les modalités de l'exercice de l'autorité parentale ou de l'éducation d'un enfant mineur, à moins que l'un d'eux ne justifie de motifs graves qui l'autoriseraient à révoquer son consentement.

1 Les cas de séparation de corps

Les cas de séparation de corps sont les mêmes que ceux du divorce (art. 296, C. civ.). Le choix est laissé au demandeur entre divorce et séparation de corps et aux deux époux en cas de demande conjointe. Le juge saisi ne peut substituer la séparation de corps à une demande en divorce pour quelque raison que ce soit, par exemple s'il a l'espoir d'une réconciliation.

■ *La faute*

La faute prise en compte ne doit pas être moins importante que celle retenue pour le divorce sous prétexte que l'atteinte au lien matrimonial est moins importante. En effet, la séparation de corps pourra être convertie, sur simple demande, en divorce à l'issue d'un délai de deux ans.

■ *L'altération définitive du lien conjugal*

Il s'agissait avant le 1er janvier 2005 de la séparation de corps pour rupture de la vie commune. Les conditions de ce divorce sont considérablement simplifiées, ce qui bénéficie également à la séparation de corps fondée sur la même cause.

■ *Le consentement mutuel*

Le divorce par consentement mutuel constitue désormais un cas de divorce autonome ; il remplace le divorce sur requête conjointe. Ces modifications s'appliquent à la séparation de corps. Avant la loi du 26 mai 2004, la séparation de corps était possible sur double aveu ou sur demande conjointe.

Dans cette hypothèse, la conversion ne sera alors possible que sur consentement mutuel.

■ *L'acceptation du principe de la rupture du mariage*

Le divorce par acceptation du principe de la rupture du mariage se substitue au divorce sur double aveu. Il ne constitue plus une déclinaison du divorce par consentement mutuel. Il en est de même pour la séparation de corps.

2 La procédure de la séparation de corps

La procédure de séparation de corps est identique à celle du divorce (art. 298, C. civ. et 1129, CPC).

Un époux peut répondre à une demande en divorce de son conjoint par une demande reconventionnelle en séparation de corps (sauf art. 297, C. civ. : demande reconventionnelle consécutive à un divorce pour altération définitive du lien conjugal).

Il est également possible de répondre à une demande de séparation de corps par une demande reconventionnelle en divorce (art. 297, C. civ.) : l'un ou l'autre sera prononcé selon la demande accueillie (art. 1297-1, al. 1er, C. civ.). Lorsque la demande principale en divorce est fondée sur l'altération définitive du lien conjugal, la demande reconventionnelle ne peut tendre qu'au divorce. Si les deux demandes sont accueillies, c'est le divorce qui sera prononcé (art. 297-1, al. 2, C. civ.), et ceci aux torts partagés.

Un époux qui a entamé une procédure de divorce peut, en cours de procédure, passer à une demande de séparation de corps (art. 1076, al. 1er, CPC). L'inverse n'est pas possible (art. 1076, al. 2, CPC).

Les époux peuvent solliciter des mesures conservatoires dans le cadre d'une procédure de séparation de corps comme dans le cadre d'une procédure de divorce.

3 Les effets de la séparation de corps

Selon l'article 299 du Code civil, « *la séparation de corps ne dissout pas le mariage* », elle opère simplement un relâchement du lien matrimonial.

■ *Les effets dans les rapports personnels*

L'adultère commis après la séparation de corps pourra être invoqué à l'appui d'une demande en divorce pour faute, même si les tribunaux font preuve de plus en plus de souplesse en la matière, notamment lorsque l'infidélité est commise longtemps après le jugement de séparation de corps.

La conséquence majeure de la séparation de corps est la suppression du devoir de cohabitation (art. 299, C. civ.). Il n'existe plus de résidence commune des époux, chaque époux peut choisir sa résidence et il n'y a plus d'obligation pour chacun des époux de recevoir l'autre à son domicile.

L'époux conserve le nom de son conjoint sauf si le jugement de séparation de corps ou un jugement postérieur le lui interdit (art. 300, C. civ.).

La séparation de corps a à l'égard des enfants les mêmes conséquences que le divorce.

■ *Les effets dans les rapports pécuniaires*

a) Le maintien du devoir de secours

Chacun des époux doit à l'autre qui se trouve dans le besoin une pension alimentaire qui est fixée par le jugement de séparation de corps ou par un jugement postérieur (art. 303, C. civ.) sans que soient pris en compte les torts, mais l'époux débiteur pourra invoquer l'article 207, alinéa 2 du Code civil qui lui permet d'être déchargé de sa dette par le juge « *quand le créancier aura gravement manqué à ses obligations envers le débiteur* » (art. 303, al. 2 et 207, al. 2, C. civ.). Cette pension est soumise aux règles des obligations alimentaires (art. 303, al. 3, C. civ.), mais la pension alimentaire peut être remplacée en tout ou partie par un capital lorsque la consistance des biens de l'époux débiteur s'y prête (art. 303, al. 4, C. civ.).

La pension alimentaire est révisable et fonction des besoins de l'époux débiteur.

b) Les donations et avantages matrimoniaux

Les donations et avantages matrimoniaux subissent le même sort qu'en matière de divorce (art. 266 et s., C. civ.). Le mariage n'étant pas dissous, l'époux séparé de corps conserve la vocation successorale attachée à la qualité de conjoint survivant.

c) La fin du régime matrimonial

La séparation de corps met fin au régime matrimonial : « *la séparation de corps entraîne toujours la séparation de biens* » (art. 302, al. 1er, C. civ.). Depuis le 1er janvier 2005, le jugement de séparation de corps prend effet dans les rapports entre les époux, en ce qui concerne leurs biens selon des règles différentes selon le type de divorce et donc de séparation de corps (art. 262-1, C. civ.) :

- en cas de séparation de corps par consentement mutuel : à la date de l'homologation de la convention réglant l'ensemble des conséquences du divorce, à moins que celle-ci n'en dispose autrement ;
- en cas de séparation de corps prononcé pour acceptation du principe de rupture du mariage, pour altération définitive du lien conjugal ou pour faute : à la date de l'ordonnance de non-conciliation organisant les modalités de la résidence séparée des époux.

d) Le décès de l'époux séparé de corps

Le décès de l'un des époux séparés de corps permet à l'autre époux de conserver les droits accordés par la loi au conjoint survivant (art. 301, C. civ.). Si la séparation a été prononcée par consentement mutuel, les époux peuvent inclure dans leur convention une renonciation à leurs droits successoraux (art. 301, C. civ. *in fine*).

■ *La fin de la séparation de corps*

a) Le décès

Le décès provoque la dissolution du mariage et met donc fin à la séparation de corps.

b) La réconciliation

Prévue par l'article 305 du Code civil, la réconciliation suppose la reprise de la vie commune qui doit être soit constatée par acte notarié, soit déclarée à l'officier d'état civil avec mention en marge de l'acte de mariage et des actes de naissance. En pratique, cette formalité est rarement accomplie car elle a pour seul objectif de rendre opposable aux tiers la fin de la séparation de corps.

La réconciliation ne peut consister dans une volonté unilatérale de reprendre la vie commune ; elle suppose un accord de volontés entre les deux époux. Ceux-ci conserveront alors le régime de la séparation de biens, sauf demande de changement selon les règles de l'article 1397 du Code civil.

c) La conversion de la séparation de corps en divorce

La séparation de corps est considérée comme un état provisoire. La conversion de la séparation de corps en divorce est possible dans deux cas :

1) La conversion par volonté unilatérale

La conversion par volonté unilatérale est possible quelle que soit la cause de la séparation de corps sauf pour les séparations prononcées sur demande conjointe (art. 307, al. 2, C. civ.).

La volonté de l'un des époux suffit à la conversion dès lors qu'un délai de deux ans s'est écoulé à compter du jour où le jugement de séparation de corps est devenu définitif jusqu'au jour de la demande de conversion (art. 306, C. civ.) : la conversion est de droit dès lors que ces conditions sont réunies.

Le juge aux affaires familiales est compétent. Sauf en cas de séparation de corps prononcée par consentement mutuel, la demande de conversion est formée, instruite et jugée selon la procédure en matière contentieuse (art. 1131, al. 1er, CPC). Aucune demande reconventionnelle n'est recevable, sauf sur les conséquences du divorce (art. 1131, al. 2, CPC).

Le mariage est dissous comme pour tout divorce. La pension alimentaire disparaît, éventuellement remplacée par une prestation compensatoire s'il y a lieu.

2) La conversion par consentement mutuel

La procédure de conversion par consentement mutuel est possible pour toutes les séparations de corps, quelles que soient la cause et l'imputabilité. Elle ne nécessite pas de délai de deux ans, mais exige l'accord des époux. Une séparation prononcée par consentement mutuel ne peut être convertie que par consentement mutuel (art. 307, C. civ.). Cependant, il est possible à chacun des époux d'introduire une demande en divorce « ordinaire » fondée sur d'autres causes que celles qui justifient la séparation de corps.

La procédure est celle qui est prévue pour le divorce par consentement mutuel. La requête doit contenir, à peine d'irrecevabilité, les mêmes mentions que la requête en divorce, l'indication de la décision qui a prononcé la séparation de corps, et être accompagnée d'une convention sur les conséquences du divorce (art. 1132, al. 1er, CPC). La requête et la convention sont datées et signées par chacun des époux et leur avocat (art. 1132, al. 2, CPC). Pour la séparation de corps sur consentement mutuel, la présence des époux n'est pas obligatoire, le juge peut se contenter d'examiner la convention avec leur avocat (art. 1133, al. 1er, CPC). Il homologue alors la requête (art. 1133, al. 2, CPC) ou demande aux époux de présenter à nouveau la requête dans le mois, après modification de la convention (art. 1133, al. 3, CPC).

Les effets sont les mêmes que ceux d'un divorce par consentement mutuel.

PARTIE 4

La filiation

Les principes généraux du droit de la filiation

CHAPITRE
12

L'ordonnance du 4 juillet 2005, entrée en vigueur le 1er juillet 2006, a opéré une réforme de fond du droit de la filiation, dans un objectif de simplification de celui-ci. La distinction entre enfants légitimes et enfants naturels disparaît, renforçant ainsi l'égalité entre les enfants nés hors mariage et ceux nés pendant le mariage. Une loi du 16 janvier 2009 a ratifié cette ordonnance en y apportant quelques modifications notamment en matière de nom et de présomption de paternité.

Le droit de la filiation fait usage de présomptions qui sont souvent applicables à tous les enfants, nés pendant ou hors mariage : il existe des présomptions relatives à la durée de la gestation et au moment de la conception. La possession d'état constitue également une présomption importante en droit de la filiation.

1 Les présomptions relatives à la durée de la gestation et au moment de la conception

■ *Le contenu des présomptions*

L'article 311 du Code civil pose la présomption selon laquelle un enfant est conçu pendant la période comprise entre le 300e et le 180e jour, inclusivement, avant la date de la naissance (art. 311, al. 1, C. civ.). Les délais sont exprimés en jours et comptés par jour de zéro heure à minuit et non par heure.

La date de la conception sera fixée à un moment quelconque de cette période « *suivant ce qui est demandé dans l'intérêt de l'enfant* » (art. 311, al. 2, C. civ.). On dit que cette présomption est *omni meliore momento*.

Le demandeur peut apporter par tous moyens la preuve d'une grossesse plus longue ou plus courte.

■ *L'intérêt des présomptions*

Avant l'entrée en vigueur de l'ordonnance du 4 juillet 2005, la période légale de conception permettait en premier lieu de déterminer la nature de la filiation (légitime, naturelle ou adultérine), c'est-à-dire si la conception avait eu lieu pendant ou hors mariage. Désormais, la distinction entre les enfants naturels et les enfants légitimes n'existe plus ; l'intérêt de la détermination de la période de gestation est moins important. La présomption relative à la gestation et au moment de la conception n'est utile qu'en cas de contestation de la filiation, comme élément de preuve.

■ *La preuve scientifique du lien biologique*

En cas de contestation d'une filiation, il est désormais possible de faire appel à la preuve scientifique, à condition qu'un procès soit engagé. La Cour de cassation a affirmé à plusieurs reprises que « *l'expertise biologique est de droit en matière de filiation, sauf s'il existe un motif légitime de ne pas y procéder* ».

Le juge apprécie souverainement les résultats des expertises (art. 246, CPC).

2 La possession d'état

La possession d'état est le fait pour un individu de se comporter comme s'il était titulaire d'un état, ici celui d'enfant. Cette apparence fait présumer que la filiation est bien réelle.

■ *Les éléments constitutifs de la possession d'état*

Pour être constituée, la possession d'état doit réunir un nombre suffisant de caractéristiques dont le Code civil donne les exemples les plus importants (art. 311-1, C. civ.) :

- ***tractatus*** : l'enfant est traité par ceux qui sont présumés être ses parents comme leur enfant. De même, l'enfant les traite comme ses parents. Le *tractatus* est désormais l'élément primordial ;
- ***fama*** : ceux qui sont présumés être les parents de l'enfant sont considérés comme tels par la société, par la famille et également par l'autorité publique ;
- ***nomen*** : l'enfant porte le nom de celui qui est considéré comme son parent.

Le Code civil donne également une certaine importance au fait que les parents ont pourvu à l'éducation, à l'entretien ou à l'installation de l'enfant (art. 311-1, al. 2-2°, C. civ.).

Les caractères de la possession d'état

La possession d'état doit être continue, paisible, publique et non équivoque (art. 311-2, C. civ.).

Si plusieurs possessions se succèdent, les caractéristiques de chacune seront examinées. Après avoir favorisé la possession d'état originaire, des décisions plus récentes privilégient la possession d'état actuelle. Certaines décisions privent d'effet juridique les deux possessions contraires car elles seraient rendues équivoques.

Les effets de la possession d'état

Le Code civil donne la possibilité à l'enfant et aux parents d'établir la filiation au moyen d'un acte de notoriété : « *la filiation se prouve par l'acte de naissance de l'enfant, par l'acte de reconnaissance ou par l'acte de notoriété constatant la possession d'état* » (art. 310-3, al. 1er, C. civ.). L'article 317 décrit les modalités de délivrance de cet acte de notoriété. La compétence est confiée au juge d'instance.

La possession d'état constitue toujours un moyen de consolider la filiation de l'enfant. Lorsque la possession d'état est conforme au titre, les seules personnes qui peuvent agir en constatation de la filiation sont l'enfant, l'un de ses père et mère ou celui qui se prétend le parent véritable (art. 333, C. civ.). Qu'il s'agisse d'un enfant né en mariage ou hors mariage, la contestation de la maternité ou de la paternité d'un enfant dont le titre est conforme à la possession d'état est possible mais pour une durée limitée à cinq années à compter du jour où la possession d'état a cessé ou du décès du parent dont le lien de filiation est contesté (art. 333, al. 1er, C. civ.). Dans toutes les hypothèses, il n'est plus possible de contester la filiation d'un enfant dont le titre est conforme à la possession d'état lorsque celle-ci a duré plus de cinq années depuis la naissance ou la reconnaissance dans le cas où celle-ci a été faite ultérieurement (art. 333, al. 2, C. civ.).

La possession d'état permet toujours de rétablir la présomption de paternité lorsque l'enfant a été conçu en période de séparation légale « *si l'enfant a la possession d'état à l'égard du mari et s'il n'a pas une filiation paternelle déjà établie à l'égard d'un tiers* » (art. 314, C. civ.).

L'existence d'une possession d'état, en l'absence de titre, fait obstacle à la recherche de maternité (art. 325, C. civ.).

Dans un délai de dix années à compter du jour de sa cessation ou du décès du parent prétendu, la possession d'état peut être constatée judiciairement à la demande de toute personne qui y a intérêt (art. 330, C. civ.).

L'article 334 du Code civil précise qu'à défaut de possession d'état conforme au titre, l'action en contestation peut être engagée par toute personne qui y a intérêt dans un délai de 10 ans à compter du jour où la personne a été privée de l'état qu'elle réclame, ou a commencé à jouir de l'état qui lui était contesté, sous réserve, à l'égard de l'enfant, de la suspension du délai pendant sa minorité (art. 321, C. civ.).

Enfin, l'article 335 du Code civil prévoit que « *la filiation établie par la possession d'état constatée par un acte de notoriété peut être contestée par toute personne qui y a intérêt en rapportant la preuve contraire, dans le délai de 10 ans à compter de la délivrance de l'acte* ».

Les preuves de la possession d'état

La preuve des éléments constitutifs de la possession d'état est libre (art. 310-3, al. 2, C. civ.).

La possession d'état peut être prouvée de façon non contentieuse par un acte de notoriété, établi par le juge d'instance (art. 317, C. civ.). Il est délivré à la demande de l'enfant ou de ses parents, seuls ou conjointement. L'acte de notoriété contiendra la déclaration faite par trois témoins attestant de l'existence des éléments de la possession d'état (art. 317, al. 2, C. civ.). Le lien de filiation ainsi constaté par cette possession d'état est mentionné en marge de l'acte de naissance de l'enfant. En cas de refus du juge, les parents, mais également tout intéressé, peuvent engager une action en constatation de la possession d'état alléguée devant le tribunal de grande instance dans les dix années de la possession d'état alléguée (art. 320 et 321, C. civ.). La demande en constatation peut également être présentée en défense à une action en contestation de l'acte de notoriété.

La preuve de l'absence de possession d'état peut se faire également par tout moyen dans le cadre d'une action en contestation de la possession d'état. En présence d'un acte de notoriété, la charge de la preuve est renversée.

La possession d'état peut servir au cours d'une action en contestation d'état pour prouver la filiation ou bien elle peut faire l'objet d'une action propre visant à la constater.

L'établissement et la preuve de la filiation

CHAPITRE
13

L'ordonnance du 4 juillet 2005 prévoit trois modes d'établissement de la filiation : par l'effet de la loi, par la reconnaissance volontaire ou par la possession d'état constatée par un acte de notoriété (art. 310-1, al. 1er, C. civ.). Elle peut également l'être par jugement. La légitimation a été supprimée par ce même texte.

1 L'établissement de la filiation par l'effet de la loi

■ La filiation maternelle

« *La filiation est établie, à l'égard de la mère, par la désignation de celle-ci dans l'acte de naissance de l'enfant* » (art. 311-25, C. civ.). L'article 316 du Code civil donne la possibilité à la mère qui n'aurait pas souhaité que son nom figure dans l'acte de naissance, c'est-à-dire qui a accouché sous X, de reconnaître l'enfant lorsqu'elle souhaite que celui-ci lui soit restitué dans le délai légal.

L'acte de naissance constitue une preuve par titre. Il fait présumer qu'il y a accouchement ; l'officier d'état civil ne procède à aucune vérification des affirmations du déclarant. La fausseté des déclarations pourra être prouvée par tous moyens. L'acte de naissance ne permet pas de prouver l'identité. En effet, n'importe qui peut se faire délivrer un acte de naissance. C'est la possession d'état qui va pouvoir confirmer l'identité de la personne.

L'acte de naissance peut être contesté par tout intéressé à l'aide de tout moyen de preuve.

La reconnaissance d'un enfant conçu ou né pendant le mariage par les parents mariés est impossible et ne peut donc servir de mode de preuve. Le seul titre susceptible de prouver la filiation d'un enfant conçu ou né dans le mariage est l'acte de naissance. Tant qu'elle n'a pas été contestée en justice, la filiation légalement établie fait obstacle à l'établissement d'une autre filiation qui la contredirait (art. 320, C. civ.).

La filiation paternelle

a) Le domaine de la présomption de paternité

La présomption de paternité demeure l'un des effets fondamentaux du mariage (art. 312, C. civ.). Elle permet de considérer que « *l'enfant conçu pendant le mariage a pour père le mari* » (*pater is est quem nuptiae demonstrant*). Ainsi, l'enfant inscrit à l'état civil avec l'indication du nom de la mère est automatiquement l'enfant du mari. Si le nom du mari a été omis de l'acte de naissance, une simple action en rectification des actes de l'état civil permettra d'apposer cette mention.

Autrefois, cette présomption était quasiment irréfragable ; elle le devient de moins en moins face aux progrès des techniques scientifiques qui permettent d'exclure avec certitude une paternité, par exemple celle du mari.

La présomption de paternité s'applique aux enfants nés pendant le mariage. Désormais, le père qui souhaite contester sa paternité ne peut exercer une action en désaveu : il doit avoir recours aux dispositions générales lui permettant de contester la paternité (art. 332 et s., C. civ.).

b) L'exclusion de la présomption de paternité

La présomption de paternité est écartée dans un certain nombre de cas :

- la présomption de paternité ne s'applique pas à l'enfant conçu en période de séparation légale : elle est écartée en cas de demande en divorce ou en séparation de corps, « *lorsque l'enfant est né plus de trois cents jours après la date soit de l'homologation de la convention réglant l'ensemble des conséquences du divorce ou des mesures provisoires prises en application de l'article 250-2, soit de l'ordonnance de non-conciliation, et moins de cent quatre-vingts jours depuis le rejet définitif de la demande ou la réconciliation* » (art. 313, C. civ.) ;
- la présomption de paternité est écartée lorsque l'acte de naissance de l'enfant ne désigne pas le mari en qualité de père et que l'enfant n'a pas de possession d'état à son égard (art. 314, C. civ.).

Les effets de la présomption de paternité peuvent être rétablis en justice dans ces deux hypothèses (art. 315 et 329, C. civ., cf. *infra,* Chapitre 15).

La présomption de paternité peut se trouver rétablie de plein droit lorsque « *l'enfant a la possession d'état à l'égard du mari et s'il n'a pas une filiation paternelle déjà établie à l'égard d'un tiers* » (art. 314, C. civ.). Pour rétablir le lien de filiation dans cette hypothèse, le mari a également la possibilité de reconnaître l'enfant (art. 315, C. civ. *in fine*).

2 L'établissement de la filiation par la reconnaissance

La reconnaissance consiste dans un acte de volonté par lequel un parent admet et entend assumer le lien de filiation qui le rattache à l'enfant.

■ *Les hypothèses*

La reconnaissance de paternité ou de maternité permet d'établir la filiation dans les hypothèses où la filiation n'a pas été établie par l'effet de la loi, c'est-à-dire lorsque la présomption de paternité n'est pas applicable (art. 316, al. 1er, C. civ.).

La reconnaissance est possible pour la mère lorsque celle-ci n'est pas désignée dans l'acte de naissance (art. 311-25, C. civ.).

■ *Les modalités de la reconnaissance*

La reconnaissance doit se faire par acte authentique (art. 316, C. civ.). Elle peut se faire au cours d'un procès. Elle est alors consignée par le greffier. Elle est encore valable lorsqu'elle est faite auprès d'un notaire. Dans ce cas-là, il s'agit souvent de reconnaissances qui se veulent secrètes.

Elle peut être faite avant ou après la naissance (art. 316, al. 1er, C. civ.). Le plus souvent, la reconnaissance se fait lors de l'enregistrement de la naissance, dans l'acte de naissance (art. 316, al. 3, C. civ.), mais elle peut se faire à n'importe quel moment, y compris avant la naissance (et même se faire après le décès de l'enfant), auprès de l'officier d'état civil de n'importe quelle commune. La reconnaissance sera ensuite inscrite en marge de l'acte de naissance (art. 62, al. 3, C. civ.).

■ *Les caractères de la reconnaissance*

La reconnaissance est un acte qui doit être purement personnel : il ne peut émaner que du père ou de la mère.

Il s'agit d'un acte qui ne nécessite aucune condition de capacité et peut donc émaner notamment d'un mineur.

L'officier d'état civil en avise l'autre parent par lettre recommandée avec demande d'avis de réception (art. 57-1, C. civ.). Néanmoins, la reconnaissance n'établit la filiation qu'à l'égard de son auteur (art. 316, al. 2, C. civ.). Celui-ci doit d'ailleurs être informé du caractère divisible du lien de filiation ainsi établi (art. 316, al. 4, C. civ.).

Lorsque l'officier d'état civil constate une contradiction entre les énonciations relatives à l'auteur d'une reconnaissance et les informations concernant le père que lui communique le déclarant, il établit l'acte de naissance au vu des informations communiquées par le déclarant puis en avise sans délai le procureur de la République qui peut alors contester la paternité sur le fondement de l'article 336 du Code civil (art. 336-1, C. civ.).

3 L'établissement de la filiation par la possession d'état constatée dans un acte de notoriété

L'article 317 du Code civil permet à chacun des parents ou à l'enfant de demander au juge que lui soit délivré un acte de notoriété qui fera foi de la possession d'état jusqu'à preuve contraire. La possession d'état constitue un mode d'établissement à part entière de la filiation naturelle depuis la loi du 25 juin 1982. La compétence est attribuée au juge d'instance. L'acte de notoriété est établi sur la foi des déclarations d'au moins trois témoins et, si le juge l'estime nécessaire, de tout autre document produit qui attestent une réunion suffisante de faits constitutifs de la possession d'état (art. 317, al. 2, C. civ.). Les parents ne peuvent solliciter la délivrance de l'acte de notoriété que dans les cinq années suivant la cessation de la possession d'état alléguée ou à compter du décès du parent prétendu (art. 317, al. 3, C. civ.). À défaut, les parents peuvent envisager l'action en constatation de la possession d'état qui peut être exercée dans les dix années de la cessation de la possession d'état alléguée (art. 321, C. civ.).

Lorsque le parent est décédé avant la déclaration de naissance de l'enfant, l'acte de notoriété peut être délivré en prouvant l'existence d'une possession d'état prénatale (art. 317, al. 2, C. civ.).

La filiation établie par la possession d'état constatée dans l'acte de notoriété est mentionnée en marge de l'acte de naissance de l'enfant (art. 317, al. 4, C. civ.).

Les actions relatives à la filiation

Chapitre 14

L'ordonnance du 4 juillet 2005 a considérablement simplifié le régime des actions relatives à la filiation, qu'il s'agisse d'établir celle-ci ou de la contester.

1 Les dispositions communes concernant les actions relatives à la filiation

■ La compétence

Les questions relatives à la filiation relèvent exclusivement du tribunal de grande instance (art. 318-1, C. civ.). Les autres juridictions, notamment les tribunaux répressifs, doivent surseoir à statuer dans le cas où se pose un problème de filiation (art. 319, C. civ.).

Les questions qui concernent la filiation sont examinées en chambre du conseil.

Les jugements rendus en matière de filiation sont opposables à tous dès qu'ils ont pris force de chose jugée (art. 324, al. 1er, C. civ.) : ils ont une autorité absolue provisoire dans la mesure où une tierce opposition reste possible lorsque l'action n'était pas réservée en demande dans un délai de 10 ans, réduit à 2 mois si la décision a été notifiée. Si la tierce opposition est reçue, elle ne prend effet qu'à l'égard de celui qui l'a exercée. L'intervention forcée évite cet écueil en rendant le jugement commun (art. 324, al. 2, C. civ.).

Pour toutes ces actions, le tribunal de grande instance qui fait droit à la demande peut statuer sur l'exercice de l'autorité parentale, la contribution à l'entretien et à l'éducation de l'enfant et sur l'attribution du nom de famille (art. 331, C. civ.).

La prescription

La durée du délai de prescription est de 10 ans. Ce délai est suspendu pendant la majorité de l'enfant, même lorsque celui-ci a été émancipé.

a) La prescription des actions relatives à l'établissement de la filiation

- ***action aux fins d'établissement de la filiation maternelle*** : dans les 10 ans de la naissance (art. 321, C. civ.) ;
- ***action aux fins d'établissement de la filiation paternelle*** :
  - *action en rétablissement des effets de la présomption de paternité* : pendant la minorité de l'enfant pour les époux ; dans les 10 ans suivant sa majorité pour l'enfant (art. 329, C. civ.),
  - *établissement de la filiation paternelle d'un enfant né hors mariage* : 10 ans à compter du jour où l'enfant a été privé de l'état qu'il réclame ; ce délai est suspendu à l'égard de l'enfant pendant sa minorité (art. 321, C. civ.) ;
- ***action en constatation de la possession d'état*** : 10 ans à compter de sa cessation ou du décès du parent prétendu (art. 330, C. civ.).

b) La prescription des actions en contestation de la filiation

- filiation **établie par un titre corroboré par la possession d'état** : 5 ans à partir du jour où la possession d'état a cessé ou du décès du parent dont le lien de filiation est contesté (avec une restriction : l'action est irrecevable si l'enfant a la possession d'état conforme à son titre pendant 5 ans depuis sa naissance ou depuis la reconnaissance ; art. 333, C. civ.) ;
- ***l'enfant a une possession d'état non conforme à son titre*** : 10 ans à compter de la naissance ou de la reconnaissance (art. 334 et 321, C. civ.) ; sauf lorsque la filiation est établie par la possession d'état constatée dans un acte de notoriété : 10 ans à compter de la délivrance de l'acte (art. 335, C. civ.).

L'enfant né et non viable

Toute action concernant un enfant qui est né non viable est irrecevable (art. 318, C. civ.).

L'indisponibilité et l'intransmissibilité

L'action relative à la filiation a un caractère personnel qui exclut qu'elle puisse être exercée par les créanciers de l'intéressé.

Le caractère personnel de l'action la rend également indisponible : on ne peut ni transiger, ni renoncer (art. 323, C. civ.), ni acquiescer, ni compromettre dans la mesure où la personne est hors du commerce.

2 Les dispositions particulières

■ *Les dispositions spécifiques aux actions relatives à l'établissement de la filiation*

a) L'action aux fins d'établissement de la filiation maternelle

L'action aux fins d'établissement de la filiation maternelle est ouverte aussi bien aux enfants nés dans le mariage qu'à ceux nés hors mariage.

À défaut de titre et de possession d'état, la recherche de maternité est admise (art. 325, C. civ.).

Cette action est réservée à l'enfant qui doit prouver « *qu'il est celui dont la mère prétendue a accouché* ».

L'action est ouverte dans les dix années de la naissance mais peut être exercée par l'enfant jusqu'à ce qu'il ait atteint l'âge de 28 ans puisque la prescription est suspendue au profit de l'enfant mineur (art. 321, C. civ.).

Lorsqu'il fait droit à la demande, le tribunal de grande instance a également la possibilité de statuer sur l'exercice de l'autorité parentale, la contribution à l'entretien et à l'éducation de l'enfant et sur l'attribution de son nom de famille (art. 331, C. civ.).

b) Les actions aux fins d'établissement de la filiation paternelle

Un certain nombre de règles sont communes à ces actions :

- la preuve incombe au demandeur conformément au droit commun ;
- la preuve peut être faite par tous moyens (art. 310-3, al. 2, C. civ.) : le demandeur doit prouver la conformité de la filiation qu'il réclame à la vérité biologique, ce qui peut se faire notamment grâce à une analyse biologique ;
- la tierce opposition est irrecevable contre le jugement rendu.

1) L'action en recherche de paternité (art. 327 et 328, C. civ.)

L'article 327 du Code civil permet de déclarer judiciairement la paternité hors mariage. L'action en recherche de paternité est réservée à l'enfant né hors mariage (art. 327, C. civ.). La mère, même mineure, a qualité pour exercer l'action en recherche de paternité durant la minorité de l'enfant (art. 328, al. 1er, C. civ.). Lorsque la filiation de l'enfant n'est pas non plus établie à l'égard de la mère, ou si celle-ci se trouve dans l'impossibilité de manifester sa volonté, l'action est exercée par le tuteur légal après autorisation du conseil de famille (art. 328, al. 2 et 408, al. 2, C. civ.).

Le défendeur est le père prétendu. Lorsque celui-ci est mineur, son représentant légal doit être mis en cause. L'action peut être exercée contre les héritiers du père prétendu si celui-ci est décédé (art. 328, al. 3, C. civ.). Si les héritiers ont renoncé à la succession, l'action est exercée contre l'État, mais ceux-ci doivent être appelés à la procédure (art. 328, al. 3, C. civ.).

La preuve doit être rapportée par le demandeur selon le droit commun. La paternité est un fait juridique : sa preuve est donc libre (art. 310-3, al. 2, C. civ.). Le magistrat peut autoriser une expertise sanguine ou un test d'identification génétique permettant de prouver ou d'écarter la paternité. Depuis une décision du 8 mars 2000, la Cour de cassation considère que « *l'expertise biologique est de droit en matière de filiation sauf s'il existe un motif légitime de ne pas y procéder* ». Lorsque le défendeur refuse de se soumettre à la mesure d'expertise, le juge peut en tirer toutes les conséquences (art. 11, CPC).

Le jugement conduit soit à l'accueil de la demande et à une déclaration de paternité, soit au rejet de la demande.

2) L'action en rétablissement de la présomption de paternité (art. 329, C. civ.)

Cette action consiste à rétablir les effets de la présomption de paternité dans les hypothèses où l'enfant est né plus de 300 jours après le début d'une période de séparation légale dans le cadre d'une procédure de divorce ou de séparation de corps (art. 313, C. civ.). La présomption de paternité se trouve rétablie de plein droit si l'enfant a la possession d'état à l'égard du mari et s'il n'a pas une filiation paternelle déjà établie à l'égard d'un tiers (art. 314, C. civ.).

Le demandeur doit prouver que le mari est le père. L'expertise biologique est de droit, sauf motif légitime de ne pas y procéder.

Pour établir le lien de filiation dans cette hypothèse, le mari a également la possibilité de reconnaître l'enfant (art. 315, C. civ. *in fine*).

c) L'action en constatation de la possession d'état

La possession d'état peut être constatée dans un acte de notoriété mais également par un jugement qui intervient aux termes de l'action en constatation de la possession d'état (art. 330, C. civ.). Elle est donc sans objet en cas d'établissement antérieur d'un acte de notoriété.

La prescription de cette action est désormais celle de droit commun, soit 10 ans à compter de la cessation de la possession d'état alléguée.

Le demandeur doit apporter la preuve de l'existence et des qualités de la possession d'état telles que décrites aux articles 311-1 et 311-2 du Code civil. Il s'agit pour le demandeur d'apporter la preuve d'une réalité sociologique et non pas d'une vérité biologique ; l'expertise biologique n'est donc pas de droit dans cette hypothèse.

La contestation de la filiation

a) L'objet de la preuve

L'objet de la preuve est de démontrer que la mère légale n'a pas accouché de l'enfant (contestation de la maternité) ou que le mari ou l'auteur de la reconnaissance n'est pas le père (contestation de la paternité).

Lorsque l'enfant est né pendant le mariage, il est possible de contester la filiation, même si son titre est conforme à sa possession d'état.

La preuve peut être faite par tous moyens (art. 310-3, al. 2, C. civ.) : le demandeur doit prouver la conformité de la filiation qu'il réclame à la vérité biologique, ce qui peut se faire notamment grâce à une analyse biologique.

Lorsque la possession d'état est constatée par un acte de notoriété, l'objet de la preuve est le défaut d'existence de la possession d'état ou le vice affectant celle-ci. Dans cette hypothèse, l'expertise biologique n'est pas de droit parce que l'objet de la preuve ne réside pas dans la démonstration de la vérité biologique.

b) Les titulaires de l'action

Selon les modalités d'établissement de la filiation, les titulaires de l'action diffèrent :

- lorsque la filiation est établie par un titre, qu'il s'agisse d'un acte de naissance ou d'une reconnaissance, mais qui se trouve corroboré par la possession d'état, le titulaire de l'action est l'enfant, l'un de ses père et mère ou celui qui se prétend le parent véritable (art. 333, C. civ.) ;
- lorsque l'enfant n'a pas de possession d'état conforme à son titre de filiation, l'action est ouverte à tout intéressé (art. 334, C. civ.).

Le Ministère public peut également contester une filiation lorsque « *des indices tirés des actes eux-mêmes la rendent invraisemblable ou en cas de fraude à la loi* » (art. 336, C. civ.), notamment lorsque l'officier d'état civil détient une reconnaissance paternelle prénatale dont les énonciations relatives à son auteur sont contredites par les informations concernant le père que lui communique la personne lui déclarant la naissance.

3 L'action à fins de subsides

L'action à fins de subsides est une action purement alimentaire : elle a pour but pour la mère d'un enfant d'obtenir d'un père simplement probable de l'enfant des subsides destinées à nourrir et élever l'enfant.

Les conditions de l'action à fins de subsides

L'action à fins de subsides est ouverte à tout enfant dont la filiation paternelle n'est pas légalement établie (art. 342, al. 1er, C. civ.). La filiation maternelle doit être établie. L'enfant doit démontrer l'existence de relations sexuelles entre sa mère et le père probable pendant la période légale de conception (art. 342, al. 1, C. civ.). Les faits doivent s'être produits à un moment quelconque de la période de conception, le moment de la conception devant toujours être déterminé dans l'intérêt de l'enfant. Le défendeur pourra cependant faire la preuve de la date réelle de la conception. Les relations sexuelles ne doivent pas forcément être suivies : des relations épisodiques ou même une brève rencontre peuvent fonder l'action.

Il n'existe plus qu'une seule fin de non-recevoir à l'action à fins de subsides. Elle consiste pour le défendeur à établir la preuve, par tous moyens, de sa non-paternité (art. 342-4, C. civ.). Le défendeur demandera notamment de pratiquer une expertise biologique. Plus qu'une fin de non-recevoir, la preuve de la non-paternité constitue une défense au fond.

L'action peut être intentée pendant toute la minorité de l'enfant. Si elle n'a pas été exercée lorsqu'il atteint sa majorité, l'enfant peut encore l'exercer pendant les dix années suivantes. La procédure applicable est celle de l'action en recherche de paternité.

Les effets de l'action à fins de subsides

a) Les effets dans les rapports pécuniaires

Le père possible est condamné à verser des subsides. Ceux-ci prennent la forme d'une pension, c'est-à-dire des versements périodiques à l'exclusion d'un capital (art. 342-2, al. 1er, C. civ.). La pension est déterminée d'après les besoins de l'enfant, les ressources du défendeur et la situation familiale de ce dernier.

La sanction de l'abandon de famille est applicable en cas de non-versement de la pension.

Le régime général des pensions alimentaires est applicable, notamment en ce qui concerne l'indexation et le recouvrement.

Les subsides peuvent être versés au-delà de la majorité si l'enfant est dans un état de besoin, à moins qu'il ne soit la cause de cet état (art. 342-2, al. 2, C. civ.). En revanche, le défendeur ne peut être condamné à verser des arriérés de pension alimentaire : la décision accordant des subsides est constitutive et non déclarative de droits. En cas de décès du débiteur, la charge des subsides passe à sa succession : les sommes seront alors prélevées sur l'actif net de l'hérédité (art. 342-5 et 767, C. civ.).

La filiation paternelle de l'enfant n'étant pas établie, l'enfant ne possède aucun droit successoral dans la succession de son père probable.

b) Les effets dans les rapports personnels

L'action à fins de subsides n'aboutit pas à l'établissement du rapport de filiation paternelle.

La reconnaissance du droit à des subsides n'a aucune conséquence que ce soit sur le nom, l'autorité parentale et le droit de visite. Le débiteur n'a pas même la possibilité de contrôler l'usage qui est fait des subsides. Cependant, l'article 371-4, alinéa 2 du Code civil permet au juge, lorsque l'intérêt de l'enfant l'exige, d'accorder à un tiers, parent ou non, un droit de visite dont pourrait bénéficier le débiteur des subsides.

Si la filiation paternelle est établie à l'encontre d'un autre homme que le débiteur, « *l'allocation des subsides cessera d'avoir effet* » (art. 342-8, al. 2, C. civ.).

La reconnaissance du droit aux subsides conduit à créer un empêchement à mariage entre le débiteur et l'allocataire et entre l'un d'eux et leurs parents ou conjoints (art. 342-7, C. civ.).

L'assistance médicale à la procréation

Chapitre 15

L'assistance médicale à la procréation est désormais réglementée par les articles 311-19 et 311-20 du Code civil (loi n° 94-653 du 29 juillet 1994 relative au respect du corps humain) et par le Code de la santé publique.

Selon l'article L. 2141-1 du Code de la santé publique, « *l'assistance médicale à la procréation s'entend de pratiques cliniques et biologiques permettant la conception in vitro, la conservation des gamètes, des tissus germinaux et des embryons, le transfert d'embryons et l'insémination artificielle. La liste des procédés biologiques utilisés en assistance médicale à la procréation est fixée par arrêté du ministre chargé de la santé après avis de l'Agence de la biomédecine. Un décret en Conseil d'État précise les modalités et les critères d'inscription des procédés sur cette liste.* ». L'article L. 2141-2 du même code pose des limites à l'utilisation de ces techniques : « *L'assistance médicale à la procréation a pour objet de remédier à l'infertilité d'un couple ou d'éviter la transmission à l'enfant ou à un membre du couple d'une maladie d'une particulière gravité. Le caractère pathologique de l'infertilité doit être médicalement diagnostiqué* ».

De plus, « *L'homme et la femme formant le couple doivent être vivants, en âge de procréer, et consentir préalablement au transfert des embryons ou à l'insémination. Font obstacle à l'insémination ou au transfert des embryons le décès d'un des membres du couple, le dépôt d'une requête en divorce ou en séparation de corps ou la cessation de la communauté de vie, ainsi que la révocation par écrit du consentement par l'homme ou la femme auprès du médecin chargé de mettre en œuvre l'assistance médicale à la procréation* » (art. L. 2141-2, al. 3, C. santé publ.).

La procréation médicalement assistée peut consister en une insémination artificielle, avec le sperme du conjoint/concubin/partenaire ou avec celui d'un donneur, ou en une fécondation *in vitro*, c'est-à-dire un transfert d'un embryon ou d'un ovule.

1 La procréation médicalement assistée sans tiers donneur

Le mari, le partenaire ou le concubin est le père biologique de l'enfant. Ce type d'assistance médicale à la procréation est largement favorisé par le législateur.

Dans le couple marié, lorsque le consentement à la procréation assistée a été donné, aucune action visant à établir ou contester la filiation ne sera recevable. En cas de concubinage ou de PACS, le concubin/partenaire ne peut faire annuler sa reconnaissance. S'il n'a pas reconnu l'enfant, il ne pourra nier sa paternité lors d'une action en recherche de paternité. De plus, il « *engage sa responsabilité envers la mère et envers l'enfant* » (art. 311-20, al. 4, C. civ.).

L'insémination artificielle *post mortem*, pratiquée avec le sperme du mari décédé, n'est pas admise et ne pourrait donner lieu à établissement de la filiation à l'égard du père dans la mesure où l'enfant naîtra plus de 300 jours après le décès du mari. La jurisprudence refusait, même avant la loi de 1994, l'implantation d'embryons congelés en attente d'implantation lorsque le mari décède.

2 La procréation médicalement assistée avec tiers donneur

■ *L'enfant au sein du couple*

Qu'il s'agisse d'époux ou de concubins, le couple qui décide de recourir à une assistance médicale à la procréation nécessitant l'intervention d'un tiers donneur doit donner préalablement son consentement devant un juge aux affaires familiales ou un notaire (art. 311-20, C. civ.).

Si le couple est marié, la filiation est établie par l'acte de naissance comme le prévoit le droit commun de la filiation. La présomption de paternité s'applique. Le consentement interdit toute contestation ultérieure du lien de filiation à moins qu'il soit démontré que l'enfant n'est pas issu de la procréation médicalement assistée (adultère de la mère) ou bien si le consentement a été privé d'effet (art. 311-20, al. 2, C. civ.), c'est-à-dire en cas de décès, de dépôt d'une requête en divorce ou de cessation de communauté de vie intervenant avant la réalisation de la procréation médicalement assistée ou en cas de révocation de l'accord (art. 311-20, al. 3, C. civ.). L'enfant lui-même ne pourra réclamer un autre état que celui résultant de la procréation assistée. Avant la loi de 1994, la jurisprudence était divisée sur la possibilité pour le père d'exercer une action en désaveu.

Dans l'hypothèse où l'IAD (insémination artificielle avec donneur) a lieu au sein du couple non marié, si le concubin ne reconnaît pas l'enfant, il engage sa responsabilité envers la mère et l'enfant (art. 311-20, al. 4, C. civ.). Selon un arrêt du 10 juillet 1990, lorsque le concubin donne son consentement à la procréation médicalement assistée, il contracte l'obligation à l'égard de l'enfant qui en est issu de se comporter comme un père et par conséquent de subvenir à ses besoins. En cas d'inexécution de cet engagement, l'annulation de la reconnaissance, possible à l'époque où l'arrêt a été rendu, génère un préjudice moral et matériel pour l'enfant. La responsabilité du concubin peut par conséquent être engagée dans cette hypothèse. De plus, l'article 311-20, alinéa 5 du Code civil dispose que la paternité est alors judiciairement déclarée. Il s'agit pour la mère représentant l'enfant d'exercer une action en recherche de paternité qui aboutira obligatoirement de façon favorable pour l'enfant.

■ *L'enfant et le tiers donneur*

Aucun lien de filiation ne pourra être établi entre le tiers donneur et l'enfant né de la procréation (art. 311-19, al. 1er, C. civ.). Aucune action en responsabilité ne pourra non plus être exercée à l'encontre de ce tiers donneur (art. 311-19, al. 2, C. civ.). En effet, les articles 16-8 du Code civil, L. 2141-5, alinéa 3 et L. 1244-7 du Code de la santé publique imposent un principe d'anonymat du donneur, quel que soit l'élément ou le produit du corps humain concerné.

3 Les mères porteuses

La mère porteuse est soit celle qui reçoit le sperme d'un homme dont la femme/partenaire/concubine est stérile et s'engage à lui livrer l'enfant à l'accouchement, soit celle qui reçoit l'embryon du couple, mène la gestation à terme et livre ensuite l'enfant.

La paternité peut être établie sans contestation : le père est celui qui a donné son sperme.

La maternité pose plus de problèmes : la femme qui accouche est toujours considérée comme la mère. Elle peut toujours revenir sur sa décision de remettre l'enfant.

La technique utilisée consiste à ce que la mère porteuse accouche sous anonymat ou ne reconnaisse pas l'enfant, puis celui-ci est reconnu par le père de l'enfant. Enfin, l'enfant est adopté par sa conjointe.

Les conventions de mères porteuses sont considérées comme nulles car elles portent sur la personne humaine qui ne peut être l'objet d'un contrat. La Cour de cassation a condamné le contrat de mère porteuse, considérant qu'il porte atteinte au principe de l'indisponibilité du corps humain et constitue un détournement de l'institution de l'adoption (Ass. plén., 31 mai 1991).

La Cour de cassation a justifié le refus de transcription de l'acte de naissance d'enfants nés d'une mère porteuse, établi en exécution d'une décision étrangère, en raison de « *la contrariété à l'ordre public international français de cette décision, lorsque celle-ci comporte des dispositions qui heurtent des principes essentiels du droit français* » et de sa contrariété « *au principe de l'indisponibilité de l'état des personnes, principe essentiel du droit français, de faire produire effet, au regard de la filiation, à une convention portant sur la gestation pour le compte d'autrui, qui, fût-elle licite à l'étranger, est nulle d'une nullité d'ordre public aux termes des articles 16-7 et 16-9 du code civil* ».

La réforme des lois Bioéthique de 2011 n'a pas apporté de modification à ces règles.

L'adoption plénière

Chapitre 16

L'adoption plénière permet de rattacher définitivement un enfant par un lien de filiation à une personne qui en fait la demande.

1 Les conditions requises pour l'adoption plénière (art. 343 et s., C. civ.)

Les conditions concernant la personne de l'adoptant

L'adoption plénière est possible pour une personne seule ou pour un couple. Une personne peut également adopter l'enfant de son conjoint.

a) L'adoption individuelle

La personne seule qui demande une adoption plénière doit être âgée de plus de 28 ans.

Le candidat à l'adoption doit demander le consentement de son conjoint.

Lorsqu'il s'agit d'adopter l'enfant de son conjoint, la condition d'âge n'est pas exigée.

b) L'adoption conjugale

L'adoption conjugale est ouverte sans condition d'âge. Cependant, si les adoptants ont tous les deux moins de 28 ans, leur mariage doit avoir duré plus de 2 ans.

L'adoption plénière ne peut être sollicitée par des époux séparés de corps.

■ *Les conditions concernant la personne de l'adopté*

L'adopté doit avoir moins de 15 ans sauf s'il a été accueilli avant d'atteindre cet âge par des personnes ne remplissant pas les conditions pour l'adoption ou s'il a fait l'objet d'une adoption simple avant d'atteindre l'âge de 15 ans.

Si l'enfant a plus de 13 ans, il doit consentir personnellement à son adoption.

Il existe 3 catégories d'enfants adoptables :

– les pupilles de l'État ;
– les enfants déclarés judiciairement abandonnés conformément à l'article 350 du Code civil ;
– les enfants pour lesquels les père et mère ou le conseil de famille ont valablement consenti à l'adoption.

■ *Les conditions tenant aux rapports entre l'adopté et l'adoptant*

Le ou les adoptants doivent avoir au moins 15 ans de plus que l'adopté. En cas d'adoption de l'enfant du conjoint, la différence exigée n'est que de 10 ans mais le tribunal peut décider de prononcer l'adoption même si la différence d'âge est inférieure.

L'adoption peut être intrafamiliale, c'est-à-dire prononcée entre membres d'une même famille.

Il est également possible à un époux d'adopter les enfants de son conjoint à condition que la filiation de l'enfant ne soit établie qu'à l'égard de ce seul conjoint.

2 La procédure de l'adoption plénière (art. 351 et s., C. civ.)

L'adoptant doit obtenir un agrément lorsqu'il désire adopter un enfant pupille de l'État. Ensuite, il doit accueillir l'enfant dans son foyer pour que le jugement d'adoption puisse éventuellement être prononcé.

■ *L'agrément*

Le futur adoptant, s'il veut adopter un enfant pupille de l'État, doit engager une procédure d'agrément, à moins qu'il ne s'agisse d'une personne à qui l'aide sociale à l'enfance avait confié la garde de l'enfant.

L'agrément se fait auprès du service de l'aide sociale à l'enfance du département de résidence de la personne souhaitant adopter un enfant pupille de l'État. Il est valable 5 ans.

Le placement en vue de l'adoption

Le placement en vue de l'adoption au foyer de l'adoptant consiste dans la remise effective de l'enfant aux futurs adoptants.

Le placement empêche les parents par le sang de demander la restitution de l'enfant.

La requête en vue de l'adoption ne peut être déposée qu'après 6 mois de placement.

Le jugement d'adoption plénière

Le tribunal de grande instance du lieu où demeure le requérant est compétent pour prononcer l'adoption à condition que le demandeur demeure en France.

La requête est présentée soit par la personne seule, soit par le couple qui désire adopter l'enfant, dans les 6 mois au moins du début du placement de l'enfant au foyer des adoptants.

Le magistrat vérifie si les conditions posées par la loi sont remplies et si l'adoption est conforme à l'intérêt de l'enfant. Il juge également si l'adoption ne risque pas de compromettre la vie familiale en présence d'autres descendants. La décision prononçant l'adoption n'est pas motivée.

La procédure est purement gracieuse et doit demeurer secrète. Les débats ont lieu en chambre du conseil. Le dispositif du jugement ne doit pas mentionner le nom d'origine de l'enfant. Le jugement est prononcé en audience publique.

Le jugement peut se limiter à prononcer une adoption simple à condition que le requérant en soit d'accord.

Les parents par le sang peuvent attaquer le jugement prononçant l'adoption par la voie de la tierce opposition pendant 10 ans en cas de dol ou de fraude imputable aux adoptants personnellement.

Les parties à l'instance peuvent contester le jugement par la voie de l'appel qui leur est ouvert dans les 15 jours. Il est également ouvert aux tiers auxquels la décision a été notifiée. Le pourvoi en cassation leur est ouvert dans les conditions du droit commun.

La décision est transcrite sur les registres de l'état civil du lieu de naissance de l'adopté. Cette formalité doit s'effectuer dans les 15 jours de la date à laquelle la décision est passée en force de chose jugée, à la requête du procureur de la République.

3 Les effets de l'adoption plénière (art. 355 et s., C. civ.)

L'adoption confère une nouvelle filiation à l'adopté. « *L'adopté a, dans la famille de l'adoptant, les mêmes droits et les mêmes obligations qu'un enfant né dans ou hors mariage* » (art. 358, C. civ.).

L'adoption plénière opère une rupture totale des liens de l'adopté avec sa famille d'origine : perte de son nom d'origine et de toute vocation successorale dans sa famille par le sang, disparition de l'obligation alimentaire. L'acte de naissance est annulé. En revanche, les empêchements à mariage subsistent.

L'adopté prend le nom de l'adoptant. La loi du 4 mars 2002, modifiée par la loi du 18 juin 2003, prévoit qu'« *en cas d'adoption par les deux époux, le nom conféré à l'enfant est déterminé en application des règles énoncées à l'article 311-21* » (art. 357, al. 2, C. civ.) c'est-à-dire que les parents ont le choix du nom dévolu aux enfants qui peut être celui du père, celui de la mère ou les deux noms accolés dans l'ordre choisi dans la limite d'un nom de famille pour chacun d'eux. S'il s'agit d'une adoption unilatérale, « *si l'adoptant est une femme mariée ou un homme marié, le tribunal peut, dans le jugement d'adoption, décider, à la demande de l'adoptant, que le nom de son conjoint, sous réserve du consentement de celui-ci, sera conféré à l'enfant. Le tribunal peut également, à la demande de l'adoptant et sous réserve du consentement de son conjoint, conférer à l'enfant les noms accolés des époux dans l'ordre choisi par eux et dans la limite d'un nom de famille pour chacun d'eux* » (art. 357, al. 4, C. civ.).

L'adopté a dans sa nouvelle famille les mêmes empêchements à mariage, la même vocation successorale, les mêmes créances et obligations alimentaires que s'il avait été un enfant né du mariage.

L'autorité parentale est exercée par le ou les adoptants.

L'adoption plénière est irrévocable. Elle fait entrer l'adopté définitivement dans la famille de l'adoptant.

L'adoption simple

Chapitre 17

L'adoption simple est beaucoup moins exigeante dans ses conditions et moins radicale dans ses effets que l'adoption plénière

1 Les conditions de l'adoption simple

■ *Les conditions concernant la personne de l'adoptant*

Comme l'adoption plénière, elle peut être opérée par un couple ou par une personne seule.

Les conditions tenant à l'âge, à la durée du mariage ou à l'autorisation du conjoint sont les mêmes que pour l'adoption plénière (art. 361, C. civ.) (cf. chapitre 16).

■ *Les conditions concernant la personne de l'adopté*

L'âge de l'adopté est indifférent (art. 360, al. 1er, C. civ.).

Toute personne peut faire l'objet d'une telle adoption, qu'elle soit mineure ou majeure.

Dès lors que l'adopté atteint l'âge de 13 ans, il doit consentir personnellement à son adoption (art. 360, al. 3, C. civ.). Le consentement des père et mère ou du conseil de famille est cependant nécessaire dans les mêmes conditions que pour l'adoption plénière.

■ *Les conditions tenant aux rapports entre l'adopté et l'adoptant*

L'adoptant doit avoir au moins plus de 15 ans que l'adopté (art. 344 et 361, C. civ.).

2 La procédure de l'adoption simple

Le placement au foyer de l'adoptant n'est pas nécessaire. L'agrément est toujours indispensable en cas d'adoption d'un enfant pupille de l'État.

La procédure débute par le dépôt d'une requête par l'adoptant.

Le tribunal vérifie si les conditions de l'adoption ont été respectées et si l'adoption est opportune. Le tribunal vérifie également si, en présence d'autres descendants, l'adoption ne risque pas de compromettre la vie familiale.

La finalité de l'adoption ne doit pas être étrangère au but de l'institution.

Les voies de recours contre le jugement sont également l'appel, la cassation et la tierce opposition, dans les mêmes conditions que pour l'adoption plénière.

3 Les effets de l'adoption simple

Les effets de l'adoption simple ne sont pas rétroactifs : ils remontent au moment du dépôt de la requête.

L'adopté reste dans sa famille d'origine en même temps qu'il entre dans la famille de l'adoptant.

■ *La situation de l'adopté dans sa famille d'origine*

L'adopté reste dans sa famille d'origine. Il y conserve ses droits successoraux (art. 364, al. 1er, C. civ.). Il garde son nom d'origine, sauf si une demande contraire est faite au juge.

Les parents par le sang ne sont plus tenus à l'obligation alimentaire envers cet enfant sauf s'il ne reçoit rien de la part de l'adoptant.

La famille d'origine perd l'autorité parentale sur l'enfant mais peut obtenir un droit de visite. Si l'adoptant décède, les véritables parents ne retrouveront pas leur autorité parentale. Le droit commun de la tutelle s'appliquera.

Les prohibitions à mariage s'appliquent entre l'adopté et sa famille d'origine (art. 364, al. 2, C. civ.).

■ *La situation de l'adopté dans la famille de l'adoptant*

L'adopté peut ajouter le nom de l'adoptant au sien (art. 363, al. 1er, C. civ.), mais l'adoptant peut également demander à ce que son nom soit substitué à celui de l'adopté (art. 363, al. 2, C. civ.). Lorsque l'adopté et l'adoptant, ou l'un d'entre eux, portent un double nom de famille, le nom conféré à l'adopté résulte de l'adjonction du nom de l'adoptant à son propre nom, dans la limite d'un nom pour chacun d'eux. En cas d'adoption par deux époux, le nom ajouté au premier nom de l'adopté est, à la demande des adoptants, soit celui du mari, soit celui de la femme, dans la limite d'un nom pour chacun d'eux et, à défaut d'accord entre eux, le premier nom du mari.

Il a le droit de percevoir des aliments de la part de l'adoptant et lui en doit également.

Il est soumis aux empêchements à mariage découlant de son entrée dans une nouvelle famille.

Il est considéré comme un enfant né du mariage : il a dans la succession de l'adoptant la même vocation successorale qu'un enfant né du mariage. Il a la qualité d'héritier réservataire vis-à-vis de ses parents adoptifs mais pas à l'égard de ses grands-parents adoptifs qui peuvent l'exclure de leur succession.

Si l'adopté décède en présence de descendants, la dévolution se fera selon le droit commun. S'il meurt sans postérité, les adoptants possèdent un droit de retour sur les biens qu'ils avaient donné à l'adopté ; de même pour les biens reçus de ses père et mère qui retournent dans la famille d'origine de l'adopté. Le reste de la succession se partage par moitié entre les deux familles.

4 La révocation de l'adoption simple

La révocation de l'adoption simple peut être prononcée à la demande de l'une des deux parties.

Les griefs peuvent être reprochés à l'adopté comme à l'adoptant.

Les motifs doivent être graves et sont appréciés par le juge.

Bibliographie

– Antonini-Cochin (L.) et Courtin (Ch.), *L'essentiel de la jurisprudence civile Famille,* Gualino éditeur, Coll. « Les Carrés », 2010.

– Batteur (A.), *Droit des personnes et de la famille*, LGDJ, 5e éd., 2010.

– Bénabent (A.), *Droit de la famille,* Montchrestien, Coll. « Domat Droit Privé », 2010.

– Carbonnier (J.), *Droit civil, Volume 1, Introduction. Les personnes, L'enfant, Le couple*, PUF, Coll. « Thémis », 2004.

– Courbe (P.), *Droit de la famille*, Dalloz-Sirey, Coll. « Sirey-Université », 5e éd., 2008.

– Goubeaux (G.) et Voirin (P.), *Droit civil, Tome 1, Personnes, famille, incapacités, biens, obligations, sûretés*, LGDJ, Coll. « Manuels », 32e éd., 2009.

– Granet-Lambrechts (F.) et Hilt (P.), *Droit de la famille,* PUG, Coll. « Le droit en plus », 3e éd., 2010.

– Malaurie (Ph.) et Fulchiron (H.), *La famille*, Defrénois, 4e éd., 2011.

– Murat (P.) (sous la direction de), *Droit de la famille,* Dalloz, Coll. « Dalloz-Action », 5e éd., 2010.

– RENAULT-BRAHINSKY (C.), *Mémentos LMD – Droit des personnes et de la famille,* Gualino éditeur, Coll. « Fac-Universités », 10e éd., 2011 ; *Manuel Droit des personnes et de la famille,* Gualino éditeur, Coll. « Fac-Universités », 3e éd., 2008 ; *Droit des personnes et de la famille,* LGDJ, Coll. « Exercices corrigés », 2008.

– TERRÉ (F.) et FENOUILLET (D.), *Droit civil, Les personnes, la famille, les incapacités*, Dalloz, Coll. « Précis », 8e éd., 2011.

– TERRÉ (F.) et LEQUETTE (Y.), *Les grands arrêts de la jurisprudence civile*, Tome 2, Dalloz, 12e éd., 2007.

Achevé d'imprimer par
l'Imprimerie France Quercy, 46090 Mercuès
N° d'impression : 11342C - Dépôt légal : août 2011

Imprimé en France